전국 백패킹 성지 가이드

캠핑, 백패킹, 트레킹
1g의 무게를
줄이기 위한 노력

백패킹 980g

고요한 지음

전국 백패킹 성지 가이드

캠핑, 백패킹, 트레킹
1g의 무게를
줄이기 위한 노력

백패킹 980g

고요한 지음

BM (주)도서출판 성안당

contents

20kg 등짐을 메고 떠나는 이유는?

"작년에 내 인생에서 남은 건 지리산 종주 2박 3일 다녀온 게 전부다. 그거밖에 없어."

29살의 여름, 군대 친구 경모가 내게 했던 말이다. 일하느라 몸이 바빠서 집안일 때문에 마음이 복잡해서 지나온 1년이 어떤 의미였는지 전혀 기억나지 않는다고 했다. 하지만 그 와중에 짬을 내서 다녀온 2박 3일 간의 지리산 종주는 생생히 남아있노라 말했다. 3일이란 시간을 1년으로 만든 마법. 바로 여행이었다. 그것도 야생의 기운이 살아 있는 지리산과의 만남이었다. 당시 자전거 전국 일주 중이던 나에게 그 말은 상당히 충격적이었고 내가 여행을 다니는 원동력이 되었다.

그렇게 여행에 취해 살다 다시 회사 생활을 시작했다. 짧지만 굵게 바빴던 직장 생활 때문에 한동안 여행과 별거에 들어갔고 평일, 주말을 가리지 않고 일을 하다 보니 도통 짬이 나지 않았다. 여행 작가를 꿈꾸고 있던 내가 여행을 가지 못하니 주춧돌 없이 지은 집처럼 내부부터 흔들거렸다. 결국, 안 되겠다 싶어 회사를 뛰쳐나왔고 소원해졌던 여행과의 관계를 회복하기 위해 새로운 여행 방식, 백패킹을 시작했다. 예전의 여행 경험을 바탕으로 손쉽게 떠날 거란 생각과는 달리 시작부터 엉망진창, 난리법석의 향연이었다. 배낭은 미친 듯이 무겁고 산은 짜증나도록 가팔랐다. '내가 이 짓을 왜 하고 있지?'라는 생각을 한두 번 한 게 아니었다.

그러나 희한한 건 집에만 돌아오면 다시 나갈 궁리를 하며 배낭을 꾸렸다는 사실이다. 그저 신기할 따름이었다. 나는 왜 힘들다고 징징대면서 이걸 계속하고 있는 걸까? 찜질방, 모텔, 펜션, 게스트하우스에서는 할 수 없는 자연과의 온전한 만남 때문 아니었을까. 야생의 자연에서 텐트를 치고 그 공간을 흐르는 공기를 마시는 것. 야생에서 잠드는 백패킹이 아니고서는 도저히 만날 수 없는 신세계였다. 특히, 힘든 트레킹 뒤에 맞이하는 별이 가득한 밤은 또다시 배낭을 짊어지게 하는 결정적 계기가 되었다. 그리고 따뜻함과 서늘함이 공존하는 아침 햇살 속에서 마시는 커피한잔은 환희의 세레모니가 되었다.

그 순간들이 세포 하나하나, 피부 한 겹 한 겹마다 새겨지니 또다시 뛰쳐나가지 않고는 버틸 재간이 없었다. 천천히 가도 좋으련만 도통 느림을 허용치 않는 우리의 일상에서, 잘 사는 미래를 위해 오늘을 내동댕이쳐야 하는 작금의 상황에서, 백패킹은 나의 오늘을 잊지 않고 선명히 기록케 하는 '즐거운 고생'이 되어주고 있다. 3일이 1년이 되는 마법의 시간이 되었다. 그 감동을 알고 그 맛을 보았기에, 그 순간을 기억하는 나는 또다시 배낭을 메고 집을 나선다. 야생으로 떠날 시간이다.

고요한

01
떠날
준비를
해보자

백패킹,
자연으로 떠나는 모험

백패킹

"시간이 날 때 마다 백패킹을 다닙니다."
"백패킹? 그게 뭐예요?"

주변 사람들에게 취미가 백패킹이라고 이야기하면 대부분 이런 반응을 보인다. 그럼 나는 "산에서 노숙하는 거예요."라며 자세한 설명 대신 야영한 사진을 보여준다. 그러면

"와, 예쁘다! 그런데 안 힘들어요? 배낭은 안 무거워요?"

라는 반응을 보인다. 배낭? 물론 무겁다. 힘들 때도 있다. 하지만 백패킹은 이 모든 걸 즐기며, 스스로 사서 고생하는 행위다. 무겁고 힘든 것이 제약이 아니라 당연한 취미인 것이다.

'백패킹(Backpacking)'의 사전적인 의미는 '짊어지고 나르다'로 이를 풀어서 말하면 야영에 필요한 장비들을 넣은 배낭을 메고 1박 이상의 여행을 떠나는 것이다. 여기서 말하는 여행은 주로 걷기에 해당한다. 등산을 할 수도 있고, 해안을 따라 걷거나 또는 숲속을 걸을 수도 있다. 그렇게 이동하다가 어딘가에 텐트를 치고 야생에서 밤을 보내면 백패킹이 완성된다.

백패킹의 두 가지 조건

백패킹의 가장 큰 매력은 빽빽한 건물 숲을 벗어나 진짜 숲속에서 잠들 수 있다는 점이다. 자연 친화적인 취미의 끝판왕이라고 할 수 있다. 하지만 이 취미에는 두 가지 조건이 따라다닌다. 그것은

'BPL(Backpacking Light)'과 'LNT(Leave No Trace)'이다.

BPL은 쉽게 말해 배낭을 가볍게 하여 활동성을 높이는 방식이라고 생각하면 된다. BPL의 역사를 이야기하려면 60여 년 전 미국으로 거슬러 올라가야 하는데, 이야기가 길어지니 생략한다.

배낭을 가볍게 만들기 위해서는 야영을 화려하게 만드는 장비를 줄이고, 활동에 제약을 주지 않는 선에서 식량을 챙겨야 한다. 이는 야영 생활보다는 걷는 생활에 더 중점을 둔다는 의미다. 특히 장거리 트레킹(trekking)을 목적으로 한다면 BPL은 숙명과도 같은 존재가 된다.

하지만 BPL을 꼭 지켜야 하는 것은 아니다. 1박 2일 위주의 백패킹을 즐기는 국내 문화로 보면 더욱 그렇다. 20kg이 넘는 배낭도 본인이 힘들다고 생각하지 않으면 더 많은 것을 챙겨서 나쁠 건 없다. 물론 BPL의 의미는 단순히 배낭을 가볍게 한다는 차원이 아니다. 먹고 마시는 백패킹보다는 자연을 좀 더 깊숙이 즐기자는 목적도 있으니, 백패킹을 떠나겠다고 마음을 먹었다면 한 번쯤 생각해 볼만한 방식이다.

LNT는 좀 다르다. BPL이 선택의 문제라면 LNT는 필수에 가깝다. 1991년 미국 산림청이 주도한 운동에서 시작된 LNT는, 환경보호의 일환으로 시작되었고 '흔적을 남기지 않기'라는 의미를 지니고 있다. LNT의 범위는 사전적인 의미에 국한되지 않는다. '내가 만든 쓰레기는 내가 챙겨온다'라는 수준을 넘어 지정된 등산로로만 다니기, 나무나 돌에 인위적인 흔적 남기지 않기, 호수나 계곡의 60m 이내에서는 수질 보호를 위해 야영하지 않기, 배설물 올바르게 처리하기, 모닥불 피우지 않기, 다른 사람을 배려하기 등의 규칙이 있다.

LNT는 강제 법규가 아니라 하나의 문화다. 때문에 '반드시'라는 조건을 달기에는 모호한 부분도 있다. 하지만 백패킹의 목적이 자연을 즐기는 것을 상기한다면 LNT는 가볍게 여길 문제가 아니다. 더구나 백패킹시 산속에서 야영을 하고, 밥을 먹는 행위들이 환경을 훼손한다는 오해를 받는다. 이런 억울함을 벗기 위해 LNT가 내세우는 규칙과 의미를 생각하고, 조금이나마 실천한다면 백패킹 문화는 더 당당해질 수 있다.

더 나은 흔적을 남기지 않는 것은 백패킹의 필수 조건이다.

백패킹은 번거롭고 힘든 부분도 있으며, 고생을 자처하는 고약한 취미라고 누군가는 생각한다. 또한 백패킹 문화가 발달한 서양과는 달리 우리에게는 환경적, 인식적인 인프라가 부족한 편이기 때문에 아직 대중적인 취미라고 말하기 힘들다. 하지만 많은 이들이 잘 모르고 다소 접근성이 불편하다는 특성이 있기에 백패킹은 더욱 매력적이다.

이런 취미가 더 가치 있고 즐거워지려면 백패킹을 하는 우리의 기본적인 태도가 중요하다고 생각한다. BPL과 LNT가 진리는 아니다. 하지만 자연을 소중히 여기고 그 속에 잠시 빌려 쉬어간다는 생각을 갖고 백패킹을 즐긴다면 우리의 취미는 한층 더 낭만적이고 의미 있는 일상 탈출이 될 것이다.

고루할 수 있지만 이 책의 첫 장을 이렇게 시작하는 이유가 여기에 있다.

무엇을 사야하지?

백패킹 스타일도 중요하다!

백패킹의 세계에 발을 들이면 제일 처음 경험하는 것이 소위 말하는 '눈팅'이다. 참여할 만한 동호회가 있는지 어디로 가는 게 좋을지 어떤 장비를 사야 하는지 어디서 사는 게 좋을지. '눈팅'의 세계는 끝이 없다. 그렇다고 '눈팅'만 하며 시간을 보낼 수는 없는 일. '눈팅'의 비중을 가장 많이 차지하는 장비 구입부터 해결해야 효율성을 높일 수 있다. 넘쳐나는 장비의 홍수 속에서 어떤 제품을 선택해야 실속 있는 구매로 이어질수 있을까? 절대적인 방법은 아니지만 백패킹의 주목적을 먼저 결정하면 제품을 보는 기준이 조금 더 구체화된다.

— 트레킹 중심의 백패킹을 할 것인가?
— 야영 위주의 백패킹을 할 것인가?

백패킹 장비는 크게 운행장비, 주거장비, 취사장비로 나눌 수 있다.
우선 트레킹 중심의 백패킹의 경우 무게와 활동성이 중요하다. 오래 걷거나 산행하기 편한 신발을 선택해야 하고 텐트, 배낭, 침낭, 매트리스, 취사장비에 이르기까지 크기와 무게를 우선시하여 경량 제품을 선택하게 된다.
반면 야영 위주의 백패킹은 사정이 조금 다르다. 이동거리가 짧기 때문에 신발 종류, 여타 장비의 무게와 크기에 있어 보다 자유로운 선택이 가능하다. 이렇다보니 실용성과 기능성을 넘어 감성적인 부분도 더 신경 쓸 수 있다

물론 두 가지 방식 중 어느 것을 선택한다고 해도 중요시되는 장비의 교집합은 발생하기 마련이다. 그 중 가장 중점을 두어야 하는 4가지 장비를 꼽으면 신발, 배낭, 침낭(매트리스 포함), 쉘터(텐트) 정도다. 백패킹의 특성상 도보 이동은 불가피하다. 신발과 배낭은 도보 이동 시 편안함과 직결되는 장비로 두 장비가 부실하다면 백패킹의 여정이 힘들어진다.

또한 날것의 자연에서 야영지를 구축해야 하는 백패킹은 어떤 외부 환경과 기상 상황을 만날지 모르기 때문에, 백패커를 보호해주는 침낭(매트 포함)과 쉘터의 역할이 중요하다.

또 하나의 중요한 요소, 예산

앞에서 설명한 구분은 절대적인 기준이 아니기 때문에 이견이 있을 수 있다. 그렇지만 중요 장비에 대한 기준을 세워야 불필요한 시간 낭비가 줄어든다. 이렇게 기준을 세워도 워낙 브랜드와 제품 종류가 많고, 가격대가 다양하기 때문에 선택하기 쉽지 않다. 여기서 또 하나의 기준을 정한다면 바로 예산이다. 자신이 쓸 수 있는 전체 예산을 설정하고, 품목별 지출 가능한 비용을 상세히 나눈다. 이렇게 하면 선택할 수 있는 제품의 종류가 줄어들고 불필요한 '눈팅' 시간을 줄일 수 있다.

필자의 경우 총 예산을 150만 원 전후로 책정하고 다음과 같이 세부 예산을 설정했다. 배낭, 침낭, 텐트와 같은 금액이 높은 장비들의 지출 금액을 먼저 정했고, 금액이 크지 않은 장비들은 가격을 조사한 후 예산을 책정했다.

구분	품목	예상 지출 금액	실제 지출 금액
운행 장비	배낭	300,000원	281,200원
	등산스틱	30,000원	39,800원
주거 장비	텐트(그라운드시트 포함)	400,000원	484,800원
	침낭	300,000원	265,000원
	매트(롤매트)	30,000원	39,800원
	의자	80,000원	75,000원
	소형 테이블	30,000원	24,000원
취사 장비	버너	40,000원	40,500원
	코펠	30,000원	30,700원
	버너 바람막이	10,000원	8,900원
	캠핑용 다용도 가위	10,000원	7,800원
의류	등산 모자	30,000원	29,930원
	장갑	20,000원	24,810원
	등산 양말	10,000원	9,900원
기타	미니 랜턴	30,000원	37,800원
	헤드 랜턴	40,000원	37,000원
	소형 아이스박스	10,000원	9,150원
합계		1,400,000원	1,446,090원

백패킹 장비는 크게 운행장비, 주거장비, 취사장비로 나뉜다.

세세한 가격에는 차이가 있겠지만 실제 지출한 금액과 예상 금액은 얼마 차이가 없었다. 만약 이런 과정을 거치지 않았다면 '결정 장애 증후군'을 앓고 있었던 나는 아직도 컴퓨터 앞에서 '눈팅'만 하고 있을지 모른다.

다음 장부터는 표에 적혀 있는 장비들의 자세한 실제 구매기를 통해 앞서 말한 4가지 장비(텐트, 침낭, 신발, 배낭)가 왜 중요한지, 그리고 취사 장비, 운행 장비, 기타 장비로 분류하고 그밖에 필요한 장비에는 무엇이 있는지 알아보고자 한다.

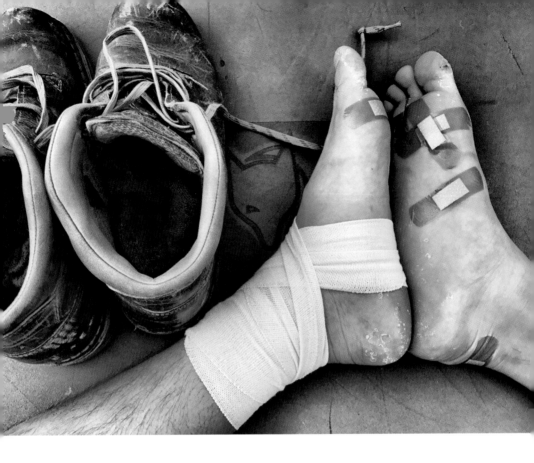

백패킹의 시작은 걷기

등산화 선택하기

내 발에 맞는 신발이 필요해

2010년 강원도 도보 일주 당시, 정선 칠족령 산행을 마치고 하산하던 중이었다. 등산로에 설치된 로프에 의지해 가파른 경사 길을 조심히 내려왔다. 중간쯤 내려왔을까. 발 뒤꿈치가 쓰려 왔다. 걸음을 옮길 때마다 살갗이 벗겨지는 느낌이 들었다. 무시하려 했는데 통증이 심해졌다. 확인해보니 양말 뒷부분이 찢어져 있었다. 뒤꿈치는 벌겋게 달아올라 있었다. 양발 모두 같은 상태였다. 양말이 찢어진 이유는 단순했다. 발에 맞지 않은 신발을 신은 탓이었다. 당시 신었던 신발은 지인에게 얻은 제품이었는데 평소 신는 신발 크기보다 15mm가 더 커서 끈을 최대한 조여야만 걸을 수 있었다.

어떤 신발을 골라야 하는 거지?

도보 여행 이후 바로 등산화 구입을 위한 조사를 했다. 처음엔 발목이 낮은 일반 트레킹화 중 천으로 되어 상대적으로 가벼운 경등산화를 알아봤다. 하지만 선택은 중등산화였다. 경등산화에 비해 무겁고 땀이 많이 찬다는 단점이 있지만, 사계절 전천후로 신기에 적당하고, 발목이 높고 몸 전체가 가죽으로 되어 발 보호에 유리하다는 장점이 매력적이었다.

또 하나의 필수 조건은 고어텍스 원단이 사용된 제품이어야 한다는 것. 여행을 다녀보니 의류는 고가의 고어텍스 제품이 굳이 필요하지 않았지만 등산화는 달랐다. 산행 중 갑자기 비가 올 수 있고, 겨울산행에선 눈 속을 헤치고 나가야 하기 때문에 방수 등산화가 꼭 필요했다. 신발이 젖는 것만큼 여행을 찝찝하게 만드는 것은 없기 때문이다.

캠프라인 사의 고어텍스 중등산화 블랙 스톰

* 릿지엣지

국내 대표적인 등산화 제조사인 캠프라인에서 제작한 등산화용 바닥 소재. 화강암반이 많은 한국의 산악지형에 맞춰 접지력을 높였으며, 내구성이 강하고 미끄럼 방지에 유리하다.

* 비브람

이태리의 고무창 제조사 '비브람'이 제작한 신발 바닥 소재. 1935년에 처음 개발되었으며, 등산화 바닥 소재의 대표주자로 통용되고 있다. 충격 흡수가 좋아 장거리 트레킹에 적합하다. 내구성과 미끄럼 방지 기능이 우수하다.

인터넷을 뒤지며 조건에 맞는 물건을 찾았다. 암반이 많은 한국 지형을 고려해서 개발했다는 '*릿지엣지' 소재로 바닥을 만든 등산화와 장거리 트레킹에 유리한 것으로 알려진 '*비브람' 소재로 만든 등산화가 눈에 들어왔다. 산도 자주 가고, 장거리 트레킹도 많이 하는 편이라 무엇을 살지 고민스러웠다. 가격이라는 변수가 선택에 결정적인 영향을 미쳤다. 결국 '비브람' 등산화에 비해 절반 이상 가격이 저렴한 10만원 초반대의 캠프라인의 '릿지엣지' 등산화를 구입하게 되었다.

등산화 선택에 절대 진리는 없다

당연한 말이지만 신발은 신어보고 구입하는 것이 가장 좋다. 하지만 이때는 온라인으로 구매해야 하는 상황이라 신어볼 수 없었다. 그래서 등산화 구매방법으로 흔히 알려진 '한 두 치수 크게 구입하세요.'를 착실히 적용하여 평소보다 5mm 더 큰 제품을 구매했다. 등산화를 평소보다 여유 있는 크기로 구매하라고 하는 이유는 등산 양말이 두꺼운 탓도 있지만, 등산의 피로로 인해 발이 붓는 경우가 있기 때문이다. 또한 등산화가 너무 딱 맞으면 산행이 불편할 수 있다.

그렇다고 무조건 큰 치수를 구입할 필요는 없다. 실제로 등산화를 착용한 뒤 신발 뒤꿈치에 검지 하나가 들어가는 크기를 구입하면 적당하다. 참고로 해외 유명 브랜드 제품들은 서양인의 발 모양에 맞춰진 제품들이라 우리에게 맞지 않는 경우가 있으니 더욱 더 신어보고 구매하는 것을 추천한다.

잠발란 사의 대표적인 풀그레인 등산화 '누볼라오'

아무튼 이렇게 구입한 등산화는 6년간 잘 신고 다녔다. 최근에는 바닥이 '비브람' 소재인 풀그레인 가죽(동물 가죽의 표피를 그대로 살린 천연 가죽. 자체 방수, 발수 기능을 가지고 있다.) 등산화를 새로 구입했다. 확실히 걷기는 편한데 바위나 돌 위에서는 이전 등산화보다 조금 더 잘 미끄러진다는 느낌이 들었다. 만약 여유가 된다면 등산 상황에 맞는 등산화를 용도별로 갖고 싶다는 생각을 갖고 있다.

내 발에 맞는 신발을 구매한다는 것. 정확히 표현하자면 내 발과 신발을 서로 맞추어 간다는 말이다. 사실, 등산화는 트레킹을 해봐야 편한지, 아닌지를 제대로 알 수 있다. 매장에서 한 번 신어본다고 정확히 알 수 있는 것이 아니다. 신발과 내 발이 잘 맞물릴 수 있도록 하는 시간적 여유가 필요하며, 유명 브랜드 제품이라고 해서 무작정 내 발에 맞지는 않으니 말이다.

등산화 구입에 관한 이야기가 뻔한 이야기처럼 들리겠지만, 뻔한 데에는 이유가 있다. 오랫동안 문제없이 보편적 상식으로 통용되었기 때문이다.

등산화 끈 묶는 방법

- **등산 시** : 발을 신발에 단단히 고정시키기 위해 발등
  부분은 꽉 조여 준다. 산행 시 발목의 움직임을 자유
  롭게 하기 위해 발목 부분은 살짝 헐렁하게 묶는다.
- **하산 시** : 발가락이 등산화에 닿아 무리가 가지 않게
  발등, 발목을 모두 단단히 묶어 준다. 발이 신발 안
  에서 미끄러질 경우 발의 피로도가 심해진다.

등산화 관리 방법

일반 등산화의 경우, 등산화 끈을 모두 풀어주고 부드
러운 솔로 털어낸 후 미지근한 물이나, 아웃도어 전용
세제를 섞은 미지근한 물로 살살 문지르듯 세척한다.
고어텍스는 민감한 원단이라 자칫 상할 수 있으니 너
무 세게 세척하지 않는다. 건조 시에는 등산화 안에 신
문지를 넣어 등산화의 모양이 틀어지지 않게 한 후 통
풍 잘 되는 그늘에서 말려준다. 건조 후 방수 스프레이
(발수처리제)를 등산화 표면에 뿌려주면 방수력이 오
래 보존된다. 가죽 제품 관리도 비슷하다. 솔이나 물로
외부 이물질을 제거한 후 등산화 안에 신문지를 넣어
통풍 잘 되는 그늘에서 말린다. (가죽 제품은 세제를 사
용하지 않는다.) 건조 후에는 방수력 유지, 가죽 보호를
위해 방수 스프레이나 전용 왁스를 등산화 전체에 도
포한다. 고어텍스와 가죽 모두 세탁을 자주 하는 건 좋
지 않으니 평소 관리를 잘 해야 한다.

잠발란 사의 대표적인 풀그레인 중등산하 '피조'

피엘라벤 사의 카즈카, 내장 프레임 형식으로 많은 배낭에 사용되는 방식이다.

어깨를 사수하라
배낭

나의 배낭엔 어떤 조건이 필요할까?

"내가 진짜 널 집어 던지던가 해야지. 어깨는 왜 이렇게 눌러대냐.
그리고 등에서 좀 떨어지면 안 될까. 나 몹시 더운데 말이야."

백패킹을 떠날 때마다, 특히 산행이 힘들 때마다 배낭과 대화를 시도하
고는 한다. 백패킹의 즐거움과 고됨을 결정짓는 가장 중요한 요소 중 하
나가 배낭 무게이기 때문이다. 결국 무게와의 싸움을 해야 한다는 말인
데, 짐을 확 줄여 절대적인 무게를 줄이던가, 배낭을 몸에 맞게 최적화
시켜 상대적인 무게를 줄여야 한다. 절대적인 무게와 달리 상대적인 무
게는 어떤 배낭에 어떻게 짐을 싸고 어떻게 메느냐에 따라 달라질 수 있
다. 이것이 배낭이 중요한 이유다.

본격적으로 백패킹을 하기 전에 사용하던 배낭은 원터치 텐트로 유명한 퀘차 사의 50리터 배낭이었다. 프레임이 없어 가볍기는 하지만 허리벨트(힙벨트)가 지지해주는 힘이 약한 것이 단점이었다. 그래서 배낭이 조금이라도 무거워지면 바로 불편함이 몸으로 전해졌다.

'배낭은 허리로 멘다.'는 말이 있다. 실제로 배낭을 멜 때 허리와 어깨에 실리는 힘의 비율을 7:3 정도로 맞추는데 허리벨트가 부실하면 힘을 가장 많이 받아야 하는 허리에 무리를 주기 때문에 무거운 배낭을 효율적으로 메기 힘들어진다.

또한 이 배낭은 등판이 얇아 물건을 조금만 과하게 넣어도 등판에 변형이 와서 몸이 불편해지는 일이 잦았다. 땀 배출도 제대로 되지 않아 등산하는 내내 찜찜한 기분으로 산행을 다녀야 했다. 이때의 경험으로 배낭을 고르는 두 가지 기준이 생겼다.

– 허리벨트와 어깨끈은 튼튼하게 되어 있는가?
– 등판은 땀 배출이 잘 되며, 등을 편히 감싸게 되어 있는가?

내 인생의 첫 배낭. 퀘차 사의 경량
배낭. 배낭 틀을 지지하는 프레임이
없어 무척 가볍다.

도이터 사의 에어컨택트75(내장프레임 형식. 확장성이 좋다.)

이 두 가지가 가장 중요한 선택 조건이 되었고, 더불어 다른 조건들을 만들었다. 수납을 용이하게 해주는 허리 주머니와 머리 주머니가 있어야 하고, 무게는 2kg 초반, 오염이 잘 보이지 않는 색상 등 디자인 보다는 실용성에 중점을 두었다.

마지막으로 고민한 것은 배낭 용량이다. 일반적으로 1박 이상 야영을 할 경우, 60리터 이상을 기준으로 삼는데 내가 선택한 크기는 70리터였다. 트레킹 중심으로 다닐 생각이었기 때문에 배낭이 너무 크면 활동이 불편할 것이란 판단이었다.

레인커버도 고민 요소였다. 레인커버는 비를 막아줄 뿐만 아니라, 배낭을 외부 오염으로부터 지켜주는 역할을 한다. 레인커버는 배낭에 따라 내장형이 있고, 따로 구매해야 하는 외장형이 있는데, 나는 내장형 제품을 찾았다.

배낭도 옷처럼 사이즈가 있다?

다음으로 확인해야 할 것은 토르소(torso), 등판 길이였다. 옷에 사이즈가 있듯이 배낭에도 사이즈가 있다. 배낭은 등과 밀착되는 장비다 보니 사용자의 등길이와 배낭의 등판 길이가 맞아야 안락한 착용이 가능해진다. 브랜드에 따라 자유롭게 등판 길이가 조절되는 제품이 있고, 여러 사이즈로 나오는 제품이 있다.

등판 길이는 목뼈 아래의 툭 튀어 나온 부분부터 골반뼈의 가장 윗부분까지를 측정하면 된다. 나는 46cm가 나와 그에 맞는 등판 길이를 가진 제품을 골랐다.

이렇게 여러 조건들을 따져 나의 첫 백패킹 배낭을 구매했다. 미국의 대표적인 배낭 브랜드 '오스프리' 사의 '이서'라는 제품이었다. 가격은 20만원 후반대로 크게 부담 가지 않았다. 이 배낭은 구입 후 4년이 지난 지금도 계속 사용하고 있다. 참고로 현재는 당일 산행용으로 사용하는 30리터, 짐이 많은 동계 백패킹 때 사용하는 75리터 배낭(85리터까지 확장 가능)을 함께 사용 중이다.

등판 길이가 조절되는 도이터 사의 에어컨택트 75

7번째 목뼈
고개를 숙이면
가장 튀어나온 뼈

골반 뼈
허리 양쪽으로
튀어 나온 뼈

등판 길이(cm)	Size
41~47	S
46~52	M
51~57	L

외장프레임 배낭인 잔스포츠 사의 D2

비슷하지만 다른 배낭 3형제

생긴 모양새는 비슷하지만 배낭은 크게 3가지 종류로 구분할 수 있다.

1. 프레임리스 배낭
배낭 틀을 잡아주는 프레임이 없으며 보통 1kg 내외의 무게를 자랑한다. 경량이라는 최강점이 있지만 수납 가능한 무게도 10~15kg 정도로 가벼운 편이다.

2. 내장 프레임 배낭
백패킹용으로 가장 많이 쓰는 배낭으로 무게와 용량이 천차만별이다. 입문자들이 이 배낭을 흔히 구매한다. 활동성이 편하면서 무거운 무게까지 수납이 가능하다. 단 몸에 밀착이 되기 때문에 등에 땀이 차는 단점이 있다.

3. 외장 프레임 배낭
배낭 등판 프레임이 외부에 노출되어 있다. 영화 〈와일드〉에서 여주인공이 메고 다니던 배낭이 외장 프레임 배낭이다. 외부에 많은 짐을 매달 수 있다는 것과 등쪽 땀 배출이 용이하다는 장점이 있다. 하지만 다른 배낭들에 비해 무거운 편이고, 활동성이 떨어져 산이 많은 우리의 트레킹 상황과는 다소 맞지 않은 배낭이다.

백패킹을 해보며 익숙해져야 자신의 성향을 알 수 있겠지만, 미리 머릿속으로 구상해보자. 나는 어떤 백패킹을 하게 될 것인가. 만약 트레킹이 우선이라면 소위 '공격형 배낭'이라고 불리는 작고 가벼운 제품군을 선택하면 된다. 반대로 야영 위주이자 많은 장비를 들고 가는 성향이라면 수납성이 좋은 대형 배낭을 구매하는 것이 좋다.

배낭 수납하는 방법

① 가벼운 것은 아래로, 무거운 것은 위에 넣는다.

② 가벼운 것은 등과 멀게, 무거운 것은 등과 가깝게 넣는다.

③ 침낭은 가장 아래로, 자주 꺼내는 물건은 위쪽 또는 머리 주머니에 넣어 준다.

④ 행동식(초콜렛, 사탕 류)이나 칼 등 비상 상황 시 필요한 물건은 허리 주머니에 넣는다.

⑤ 습기에 약한 다운 제품이나 여벌의 옷 등은 젖지 않도록 드라이색이나 비닐 주머니를 이용해 보호한다.

⑥ 배낭 외부에는 가급적 장비를 달고 다니지 않는다. 트레킹 시 방해가 될 수 있기 때문이다.

⑦ 패킹한 배낭 무게는 자신의 몸무게에 30%를 넘지 않는 것이 좋다.

배낭 메는 방법

① 허리 벨트, 멜빵 끈. 어깨 조절 끈 등을 모두 느슨하게 풀어준다.

② 배낭을 메고, 허리벨트 하단부 가 골반 위에 얹어지도록 한 후, 허리벨트를 꽉 조인다.

③ 멜빵 끈을 조인다. 멜빵 끈이 어 깨 위에 걸쳐져 있다는 느낌이 들도록, 손가락 하나 정도 들어 갈 여유를 남기고 조인다.

④ 멜빵 끈 위에 있는 어깨 조절 끈 을 조절해 배낭과 등이 밀착되 도록 한다.

⑤ 가슴 벨트를 결합해 멜빵 끈이 몸에 고정될 수 있게 한다. 가슴 벨트를 너무 조이면 가슴을 압 박해 활동하기 불편하므로 몸에 맞게 조절한다.

등이 따뜻해야 잠이 잘 온다
침낭&매트

생존과 직결되는 아이템

무릎이 시려 왔다. 다른 곳은 견딜 만한데 유
독 무릎만 그랬다. 다리를 구부리고 몸을 옆으
로 세워 침낭과 붙지 않도록 했다. 새우도 쉽
게 따라 하기 힘들 새우잠 자세. 하지만 무릎
의 시림은 사라지지 않았고 덕분에 잠이 반쯤
달아났다. 어떻게든 감촉을 느끼지 않기 위해
몸을 뒤척였지만 소용없었다. 바람 한 점 없이
영하 15도까지 떨어진 차가운 겨울 기운은 끝

다운 침낭(좌)과 화학섬유 침낭(우)

내 무릎에 들러붙어 떠나질 않았다. 정선 운탄고도에서 보냈던 초보 백
패커의 첫 겨울밤이었다. 만약 그 밤에, 몹시도 추웠던 새벽에, 조금 더
따뜻한 침낭이 있었다면 난 숙면과 조우하지 않았을까?
백패킹 좀 다녀봤다는 이들에게 백패킹 시 '제일 중요한 장비는 어떤 것
인가요?'라고 물으면, 대부분의 사람들은 주저 없이

"침낭!"

이라고 대답할 것이다. 등산화와 배낭이 트레킹의 원활함, 즉 편의를 위한 장비라면, 침낭은 생존과 직결되는 장비다. 특히, 영하 20도까지 내려가는 동계 백패킹에서 침낭은 절대적인 존재가 된다.

침낭은 충전 소재에 따라 크게 두 가지로 분류한다.

1. 다운 침낭

천연 소재인 거위털, 오리털이 사용된 침낭. 보온력과 복원력(수납에 유리)이 뛰어나고, 가볍다는 장점이 있지만, 습기에 취약해 관리가 힘들며 결정적으로 가격이 비싸다.

몽벨 사의 EXP. 혹한기에 사용 가능한 헤비다운 침낭이다. 침낭 외피가 늘어나는 스트레치 소재로 되어 있어 침낭 특유의 답답함을 줄여준다.

2. 합성 침낭

화학섬유가 충전된 합성 침낭. 쉽게 말하면 솜 침낭이다. 보온력과 복원력, 무게, 모든 것이 다운 침낭과 비교가 안 되지만, 관리와 세탁이 쉽다는 것과 저렴한 가격이 최대 장점이다.

제로그램 사의 네버마인드 골드. 프리마로프트라는 신소재가 들어간 합성섬유 침낭이다.

백패킹은 태생적으로 무게와 부피에 민감할 수밖에 없다. 그 중 텐트와 침낭이 가장 많은 부피와 무게를 차지한다. 그렇다보니 침낭이 얇아도 되는 여름이나 초가을이 아니면, 합성침낭은 사용하기 부담스럽다. 나 역시 이런 문제 때문에 다운 침낭으로 눈을 돌렸다. 하지만 문제는 가격이었다.

나는 이렇게 구매했다

먼저 상대적으로 가격이 저렴한 오리털 침낭을 알아보았다. 5만 원 내외의 제품이 있었지만 오리솜털과 오리깃털의 비율이 1:9 / 2:8이었다. 보온력을 책임지는 솜털의 비율이 너무 낮아, 말만 다운 침낭이었다. 그리고 오리털 특유의 냄새에 대한 말도 많았다.

결국, 오리털 침낭보다 보온력도 좋고, 냄새가 없다는 거위털 침낭을 알아보았다. 늦가을에서 초겨울까지 사용할 수 있는 정도의 *우모량이 충전된 제품이 검색 대상이었다. 금전적인 문제로 해외 유명 브랜드는 일찌감치 포기했다. 이 당시에는 해외 직구나 공동구매 카페의 존재를 몰라, 국내 오픈 마켓이나 중고 장터만 열심히 검색했다. 당시 침낭에 책정한 예산은 30만 원 선. 금액이 너무 낮았던 것인지 구입이 쉽지 않았다. 지금이라면 텐트 예산(48만 원 지출)을 더 낮추고 차액으로 침낭을 구매하겠지만, 그때는 그런 노하우가 없었다.

현재 사용하고 있는 마모트 사의 구스다운 침낭인 헬륨. 우모량 600그램으로 초봄, 늦가을에 사용하기 적당하다.

압축백을 사용하면 침낭 부피를 줄여 수납성을 높일 수 있다.

* 우모량

침낭에 충전되는 다운의 양. 혹
한기용으로 사용하려면 1000g
이상 제품을 구매해야 한다.

* 필파워

우모 복원력으로, 압축된 우모
가 다시 부풀어 오르는 정도를
말하며, 우모의 보온성을 알 수
있는 척도가 된다. 600 이상이
면 우수한 수준으로 본다.

* 퍼텍스

침낭, 다운 의류의 외피에 주로
사용되는 기능성 원단.

* 프리마로프트

미군에서 방한 목적으로 사용하
기 위해 개발한 인공 충전재. 오
리털 못지않은 보온력과 복원력
을 가지면서, 습기에 강한 성능
을 지니고 있다.

그래도 끈질긴 검색 끝에 내가 원하는 사양을 갖춘 제품을 찾았다. 국내 브랜드에 침낭을 전문적으로 납품하는 OEM 업체의 제품이었다. 나는 우모량 900g에 *필파워 680, 총무게 1.3kg, 외피는 *퍼텍스 클래식을 사용한 제품을 선택했다. 가격은 27만 원. 이 제품은 지금도 사용 중인데 혹한기에 사용하기는 다소 부족하다. 하지만 위 아래로 우모복을 입고, 핫팩 3~4개를 침낭 안에 넣고 자면, 동계용으로도 쓸 수 있다.

이후 5월 중순부터 9월 말까지 사용하는 3계절용 합성섬유 침낭을 추가 구매했다. 우모량 900g짜리 침낭은 5월 중순 이후에는 사용하기 부담스러웠다. 특히 습기에 취약하다 보니, 습하고 땀이 많이 나는 계절엔 말 그대로 쥐약이었다. 가벼운 합성 침낭이 필요했다. 또한 구매한 침낭의 충전재가 '*프리마로프트'로 되어 있어 혹한기에는 다운 침낭의 보온력을 올려주는 침낭커버로 사용할 수 있었다.

해외직구로 구스다운 침낭(우모량 610g, 필파워 850, 무게 1kg, 외피 퍼텍스 마이크로 라이트)도 하나 더 구매했다. 초봄, 늦가을에 쓸 만한 가벼운 다운 침낭이라 배낭 무게를 줄여야 하는 백패킹에 자주 들고 간다.

만약 지금 가지고 있는 침낭 3개 중 하나를 바꿀 수 있다면, 처음에 샀던 침낭을 우모량 1,200g 이상의 제품으로 바꾸고 싶다. 그렇게 하면 4계절 어느 때 떠나도 쓰기 적당한 침낭을 보유하기 때문이다. 하지만 현재 가지고 있는 침낭으로도 4계절 백패킹에 큰 문제가 없어 추가 지출을 하지 않고 있다.

숙면을 위한 또 하나의 선택

침낭만큼이나 큰 보온 역할을 하는 것이 매트이다. 바닥에서 올라오는 한기를 잘 막아주고, 땅의 돌출 부위로부터 등을 보호해주기 때문에, 숙면을 위한 또 하나의 준비물이라 할 수 있다. 매트는 크게 2가지로 구분한다(자충매트는 제외).

1. 발포매트

합성수지로 만든 매트로, 흔히 스티로폼매트라 부른다. 가벼운 대신 부피가 크고 안락함이 떨어지지만, 가격이 저렴하다. 써머레스트 사의 지라이트솔을 가장 많이 쓴다. 원형으로 둘둘 말리는 롤 매트와 네모난 형태로 접는 접이식 매트가 있다.

써머레스트 사의 발포매트. 둘둘 말아서 보관하는 롤 형식이다.

2. 에어매트

공기를 주입해서 사용하는 매트. 수납성과 안락함은 좋지만, 발포매트보다 무겁고 가격이 비싸다(저렴한 발포 매트에 비해 최대 10배 정도 비싸다). 에어매트 내에 다운을 넣어 보온성을 높인 다운매트도 있다. 엑스패드 사와 써머레스트 사 제품을 많이 사용하며, 이들보다 다소 저렴한 클라이밋 사의 제품도 인기 있다.

엑스패드 사의 썬매트 UL7. 460g의 가벼운 무게가 장점이다.

난 3계절용 접이식 발포매트와 동계용 롤 발포매트만 사용한다. 야영지 바닥 상황에 따라 안락함이 아쉬울 때도 있고, 큰 부피 때문에 산행 시 불편함도 있다. 하지만 한기 때문에 잠을 못 이룬 적은 없다. 수납 때문에 에어매트를 살까 고민하기도 했지만, 그것만으로는 추가 지출할 이유를 못 느껴서 계속 발포매트를 사용하고 있다. 부피보다 무게에 더 비중을 두기 때문에 발포매트를 선호하기도 한다.

백패커들이 가장 많이 사용하는 제품 중의 하나인 써머레스트 사의 접이식 발포매트

완전 초보 때 구입했던 제품들을 아직도 쓰고 있기 때문에 현재 가지고 있는 침낭과 매트가 최적의 조합이라고 할 수는 없다. 그래도 제법 실용적이고 효율적인 궁합이라고 생각한다. 물론 여유가 된다면 고급 우모가 충전된 구스다운 침낭에, *R-value 값이 높은 에어매트를 사용하는 것이 좋을 것이다. 유념해야 할 것은 제품의 스펙 차이에서 오는 불편함은 상대적인 것일 뿐, 야영 생활에 절대적인 지장을 주지 않는다는 사실이다. 본인이 추구하는 백패킹 스타일과 상황에 맞게 제품을 선택하면 된다.

* R-value
열전도에 대한 물질의 저항값. 값이 높을수록 한기 차단 능력이 좋다. 4이상이면 동계용으로 사용이 가능하다.

에어매트

시에라 디자인 사의 TP 쉘터.

집 욕심을 포기할 수는 없다
쉘터

※ 쉘터는 흔히 바닥이 없는 천막 형태의 주거장비를 일컫는 말이지만, 바람과 비를 피해 몸을 지키는 장소
라는 사전적 의미에 따라, 텐트를 포함한 주거장비를 통칭하는 단어로 이해하면 된다.

집을 고르는 나만의 기준을 만들자

20대 시절에는 가격이 비싸다는 이유로, 관심이 없다는 이유로, 침낭만 가지고 노숙을 하면 된다는 이유로 텐트를 구입하지 않았다. 아직도 기억에 남는 것은 10만 원대의 제품들도 "뭐 이렇게 비싸"라고 하면서 사지 않았다는 것이다. 그런데 백패킹 준비를 하면서 알아보는 텐트들은 보통 30만 원이 넘었다. 가격도 그렇지만, 무슨 브랜드가 이렇게 많고, 제품 종류도 많은지 도저히 고를 수가 없었다. 텐트만 알아보다가 지칠 것 같았다. 그래서 결론을 내렸다.

가벼운 걸 사자

단순한 결론이었다. 2kg 이하의 2인용 텐트를 구입하는 것으로 결정했다. 가벼운 제품들은 대부분 가격이 높기 때문에, 지출 예상 금액은 40만 원 내외로 잡았다. 열심히 인터넷을 검색하며 열혈 눈팅에 빠져 몇 날, 며칠을 보았는지 모른다. 하지만 쉽게 결정할 수 없었다. 더블월이 있고, 비자립도 있으며 나일론 립스탑 원단을 썼다는데 도통 무슨 말인지, 30D는 뭐고 210T는 또 무엇이며 외계에서 온 물질인지 두랄루민이 좋다고 하니 대체 뭐라고들 떠드는 건지 머리가 지끈거렸다.

말로는 대강 이해했는데 실제로 써본 적이 없으니 사양마다 무슨 차이가 있는지 알 수 있는 방법이 없었다. 그럼에도 구체적인 두 가지 조건을 세웠다. '더블월 형태의 자립형 텐트를 사자.' 내가 왜 두 가지 조건을 갖춘 텐트를 결정했는 알려면 옆의 표를 미리 봐두어야 될 것 같다.

왼쪽부터 더블월, 싱글월, 비비색, 특수원단 싱글월 텐트가 모여 있다.

종류	특징	장점	단점
자립형	폴대의 장력만으로 설치가 되는 텐트	설치가 빠르며 설치 공간의 제약이 적다.	폴대가 부러지면 설치가 곤란해진다.
비자립형	펙과 스트링으로 고정해야 설치되는 텐트	· 폴대가 많이 필요하지 않아 가볍다. · 경량화가 가능하다.	설치가 번거롭고, 오래 걸린다. 펙을 박기 곤란한 지형에선 설치가 어렵다.

물론, 자립형도 완전 자립형이 아닌 경우, 최소한의 펙(peg)은 박아야 하고 바람이 많이 부는 지형이면 비자립 텐트만큼 펙을 박아야 안전하게 야영할 수 있다. 아무튼 펙 박는 일이 상당히 귀찮은 일임을 알기에, 자립형 텐트로 마음이 기울었다. 그리고 한 가지 더!

종류	특징	장점	단점
싱글월	플라이, 이너텐트 구분 없이 한 겹의 원단으로 되어 있는 텐트	· 설치가 빠르다. · 공간의 제약이 적다. · 야영지 상황이 좋으면 펙을 박지 않아도 설치할 수 있다.	· 결로가 심하다. · 별도의 장비를 추가해야만 전실 공간을 얻을 수 있다.
더블월	이너텐트 위로 플라이를 지붕처럼 씌우는 텐트	· 두 겹의 천이 내·외부의 온도차를 줄여 결로가 적다. · 작은 전실 공간이 있다.	· 싱글월에 비해 설치 면적이 넓다. · 펙다운이 필수라 겨울철 설치 시 어려움이 생긴다.

사람들이 가장 민감해하는 부분이 바로 결로(結露)다. 자고 있는데 침낭 위로 물이 떨어진다거나, 젖은 것 같은 축축한 느낌이 들면 찝찝하기 때문이다. 나 역시 5만 원짜리 싸구려 텐트로 여행을 다닐 때, 샘물을 공급하는 텐트 덕에 아침을 축축한 느낌으로 맞이하곤 했다. 그래서 결로가 적은 더블월 텐트를 구입하려 했다. 이렇게 몇 가지 구체적인 조건을 결정했다. 그럼에도 수많은 텐트와 브랜드의 홍수 속에서 하나를 선택하기란 쉽지 않은 일이었다. 그래서 또 하나의 단순한 결론을 내렸다.

흔한 걸 쓰자

'사람들이 많이 사용하는 제품에는 이유가 있겠지', '사람들의 평이 좋은 물건에는 그만한 사연이 있겠지'라는 지극히 초보적인 생각이었다.

시행착오가 많았던 나의 첫 번째 텐트

그렇게 검색하다 눈에 들어온 제품이 'MSR 허바허바'였다. 백패킹용 텐트계에서 '국민 텐트'라 불린다고 했다. 무게 1.9kg, 2인용, 더블월 구조의 반자립형 텐트였다. 이너텐트 전체가 매쉬(모기장 형태)로 되어 있어 통풍이 탁월하지만 겨울에 사용하기에는 춥다는 말이 있었다. 이때는 겨울 백패킹을 많이 하지 않을 거라고 생각했기 때문에 크게 문제되지 않았다.

구입 시 '베스티블'이라 부르는 거실 장비가 포함된 제품으로 구매했는데, 조합에 살짝 문제가 있음을 알게 되었다. 주로 혼자 다니다 보니 베스티블은 거의 쓸 일이 없었다. 초반에만 두 번 사용하고 꺼내지 않았다. 두 번째 문제는 그라운드시트(바닥깔개). 국내 제품으로 따로 구매했는데 800g이 넘었다. 가벼운 텐트를 사놓고 무거운 그라운드시트라니? 결국 이 녀석도 어느 순간부터 집 어딘가에 처박히고 말았다. 또한 이너텐트의 통풍 능력이 좋다보니, 겨울에 찬 공기를 직접 맞이하는 일이 많았다. 못할 정도는 아니었지만 확실히 더 추웠다. 어느새 다른 텐트에도 슬슬 눈을 돌리게 되었다.

MSR 사의 허바허바(최근에는 허비허바NX라는 명칭의 후속 제품이 판매되고 있다.)

결로 없이 보송보송하게

두 번째로 구입한 텐트는 블랙다이아몬드 사에서 만든 '아와니'였다. 가격이 제법 나가는 녀석인데, 중고매물로 저렴하게 나와 지름신을 신속히 모셨다. 싱글월 텐트인 '아와니'는 '토드텍스'라는 특수원단을 사용해 결로를 최소화하는 것을 장점으로 꼽는다. 출입문 양쪽이 시원하게 열려 개방감이 좋고, 완전 밀폐가 가능해 바람 차단도 훌륭하다. 습기를 머금어 주고 바람도 막아주니 한겨울에도 안락한 야영이 가능했다. 단점이라면 무거운 무게였다. 2인용으로 나왔지만 3kg이 넘었다. 게다가 특수원단을 사용한 탓에 관리를 꼼꼼히 해주어야 하는 세심한 배려가 필요했다.. 이런 특징 때문에 짧은 트레킹을 하거나 결로가 많이 예상되는 날에 주로 사용했다.

블랙다이아몬드 사의 아와니

장거리 트레킹은 너와 함께

세 번째로 손에 들인 텐트는 '오지캠핑'이라는 인터넷 카페에서 제작한
'어반2P'. 아와니와 흡사한 모양새를 한 싱글월 텐트인데, 브랜드 제품
에 비해 저렴하다는 장점이 있었다. 완전 자립형이라 설치공간의 제약
을 덜 받고 폴을 두 개만 사용하여 설치가 빨랐다. 무게는 아와니보다
가벼운 2kg. 하나 전형적인 싱글월 텐트답게 결로가 심하고 바람이 많
이 불면 불안한 모습을 보였다. 이 녀석은 장거리 트레킹을 하거나 야영
지 확보를 하지 않고 떠날 때 가지고 다녔다.

오지캠핑의 어반2P

MSR 사의 엘릭서3

함께 사용하기 적당한 녀석이 필요해

마지막으로 구입한 텐트는 MSR 사에서 나온 '엘릭서3' 3인용 더블월 텐트였다. 플라이, 이너텐트의 원단을 허바허바보다 두꺼운 천을 사용해 무게가 1kg 이상 더 나갔다. 그렇다면 이미 3개나 있는 텐트를 두고 하위급 모델을 구입한 이유는? 둘이 쓰기 편한 텐트가 필요해서였다. 일반적으로 알파인 텐트의 사용 인원은 제품 설명서에 표기된 인원에서 1명을 빼는 것이 적당하다. 2인용은 1명이, 3인용은 2명이 쓰기 적당한 것이다. 둘이 갈 때는 텐트 하나만 들고 가 배낭 무게를 줄일 수 있고, 가끔은 미니멀 캠핑을 하기 위해 이 녀석을 구매했다.

텐트 사양에 표시된 수많은 암호

· D(denier) : 섬유의 굵기를 의미하는 단위. 1데니어(denier)는 1g의 실로 9,000m를 뽑았을 때 실의 굵기를 말한다. D값이 커질수록 두껍고 무거운 천이라고 이해하면 된다.

· T(density) : 1제곱인치의 원단에 들어간 실의 수. 실의 밀도라고 보면 된다. 단위가 높을수록 실이 촘촘하게 직조되어 있음을 뜻한다.

· UV코팅 : 자외선 차단을 강화하기 위한 코팅이다.

· PU코팅 : 열에 견디는 내열성과 내마모성을 높이기 위한 코팅이다.

· 두랄루민 : 알루미늄 합금으로 가볍고 튼튼하다는 장점이 있으며, 두랄루민 계열 중 두랄루민 7075가 가장 우수한 성능을 지녔다고 알려져 있다. 텐트 폴, 등산 스틱 등에 많이 사용된다.

· 립스탑 : 내구성을 강화하기 위해 바둑판 모양으로 직조한 원단 형태를 말한다.

인테그랄디자인 사의 비박색

시에라디자인 사의 TP쉘터 특유의 모양 때문에 사용하지 못하는 공간이 많지만 무게가 가벼워 동계 모임 공간으로 활용할 때 좋다.

비싼 것을 꼭 고집할 필요는 없다

개인적으로 바닥이 없는 쉘터는 싫어해서 가볍다는 장점에도 구매 의욕은 생기지 않았다. 하지만 추운 날씨에 여럿이 백패킹을 즐길 때 함께 모여 담소를 나눌 공간이 필요했다. 이때 쉘터가 요긴하게 쓰여 구매를 고민했지만, 혼자 다니는 일이 8할 이상이라 지름신을 소환하지 않았다. 또 다른 고민은 비박색을 구입할 것인가에 대한 문제였다. 혼자 다니는 일도 많고 장거리 트레킹을 자주 다니다 보니 더욱 가벼운 집이 필요했다. 가장 미니멀한 지점에 있는 비박색은 최적의 구매 고려 대상이었다. 하지만 내부 생활이 극히 제한된다는 점이 매력을 반감시켜 구매로 이루어지진 않았고, 대신 1kg 내외의 텐트에 눈독을 들였다. 앞으로 진행할 백패킹의 방향을 '가볍게'로 잡았기 때문이다. 배낭이 가벼울수록 트레킹은 편해지는 법이니까.

텐트는 가격대도 다양하고 브랜드, 모델이 많기 때문에 여러 고민을 하게 된다. 디자인과 기능성도 제각각이라, 무엇하나 시원하게 고르거나 추천하기도 곤란하다. 최선의 방법은 직접 써보고 판단하는 것이겠지만, 다양한 제품을 써본다는 것 자체가 비용적인 부담이 따른다. 만약 텐트에 큰 욕심이 없다면 중저가 제품 구입을 추천한다. 히말라야에서 야영할 것이 아닌 이상, 텐트는 절대적인 존재가 아니기 때문이다. 소비는 합리적일수록 좋다는 것이 나의 지론이다.

많은 백패커들이 사용하는 MSR 리액터. 물을 단시간에 끓일 수 있으며, 소형 난로로 사용할 수 있다.

더 필요한 장비는
없을까?

가장 중요하다고 생각되는 장비들을 구매했다. 하지만 이것들만 가지고 백패킹을 하기에는 뭔가 부족해 보인다. 밥도 해먹어야 하고, 편히 쉬기도 해야 하고, 어둠 속에 갇히지 않을 불도 필요하다. 또 다시 끝나지 않는 눈팅의 세계로 빠져들었다.

작고, 가볍고, 간단하게 – 취사장비

최초 구매 후, 장비 교체를 거의 하지 않은 품목이다. 나에게 있어 백패킹의 취사는 '조리'가 아닌 '데우기'에 가깝다. 대부분 레토르트 식품을 가져가며, 집에서 먹던 밥을 싸갈 때도 있고 편의점이나 빵집에서 데우는 과정 없이 먹을 수 있는 음식만 준비할 때도 있다. 때문에 큰 장비는 필요하지 않았고 작고 가벼운 제품을 구매하는 것에 중점을 뒀다.

코베아 사의 1인용 미니 경질 코펠   구이부터 데우기까지 가능한 경량 후라이팬

코펠

1인용 경질 코펠로 구입했다. 티타늄 재질은 열도전율이 좋고 가볍지만 비쌌고, 연질 코펠은 싸지만 코팅막이 약해 오염물질 배출이 걱정됐다. 가장 만만한 것이 경질 코펠이었다. 주로 혼자 사용할 것이라 큰 것도 필요 없었다. 다만, 2인 이상이 갈 때는 용량의 한계가 있어, 가끔씩 넓은 코펠이 아쉬웠다. 더불어 수직으로 긴 코펠보다는 옆으로 넓은 코펠이 편리함을 알았다. 나중에 오염물질 발생 걱정이 적은 스테인리스 코펠도 1인용 사이즈가 있음을 알아 구매를 고려한 적이 있다.

짧은 트레킹을 하거나 섬으로 백패킹을 갈 경우에는 자연스레 먹거리를 많이 챙겨가게 된다. 이때 실리콘, 스테인리스 소재의 접이식 냄비, 손잡이를 접을 수 있는 경량 프라이팬 등을 가져가면 수납성을 높이면서도 원활하게 음식을 조리할 수 있다.

스토브

가스 연료통과 바로 연결해서 사용하는 직결식 가스스토브를 구매했다. 작고 가볍다는 이유였다. 높이가 높고, 작다보니 코펠을 올렸을 때 불안한 경우가 가끔 있지만 취사의 비중이 높지 않아 지금도 사용하고 있다. 단, 날이 추워지면 불편할 수 있는데, 섭씨 0도 이하로 떨어지면 불이 잘 붙지 않기 때문이다. 불이 붙는다 해도 화력이 약해 음식을 데우는 시간이 길어진다.

해결책은 스토브 자체를 바꾸는 방법이 있다. 연료통을 거꾸로 끼워 화력을 일정하면서 강하게 유지시키는 액출방식 가스스토브나 추위에 별 상관없이 강한 화력을 발휘하는 가솔린스토브가 적절한 대안이다. 가솔린스토브는 가스스토브보다 무겁고 비싸며, 연소 시에 냄새가 나는 단점이 있다. 아니면 에탄올을 연료로 사용하는 알코올스토브도 대안이 된다. 아쉬운 점은 화력 조절이 마음대로 안 된다는 것이다. 또는 부탄가스보다 어는점이 낮은 소형 프로판가스를 사용해도 되지만 부탄보다 가격이 비싸다.

그렇다면 내가 선택한 방법은? 일반 부탄가스보다 어는점이 낮은 이소부탄가스를 사용하고, 연료통의 온도 저하를 막기 위해 워머를 씌운다. 워머로 부족할 때는 스토브의 열을 연료통으로 전달해 화력을 유지시켜주는 파워차저를 사용한다. 파워차저는 직결식 스토브에만 사용이 가능하다는 단점이 있다.

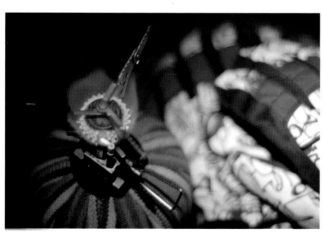

코베아 사의 직결식 티타늄 스토브. 작고 가벼운 것이 최대 장점이다.

그들이 있어 편하게 걷는다 - 운행장비

등산스틱

등산스틱을 사용하면 괜히 약해 보이거나 초보로 보인다는 잘못된 생각을 하던 시절이 있었다. 빨리 내려간다고 내리막길을 뛰어다니던 시절이기도 하다. 지금은 등산스틱 없는 산행, 특히 백패킹은 하지 않는다. 힘의 분배에 대한 중요성을 깨달았기 때문이다. 등산스틱을 사용하면 몸에 전해지는 무게의 부담을 줄일 수 있고 산행 역시 훨씬 수월해진다.

등산스틱도 소재와 가격이 다양하다. 두랄루민과 카본, 티타늄 등이 주 소재이며 두랄루민이 가장 저렴하다. 티타늄과 카본은 탄성이 좋고 가벼운 장점이 있지만 그만큼 가격이 비싸다. 상대적인 차이일 뿐, 두랄루민이 강도와 무게에 있어서 크게 뒤처지는 것은 아니기에 무리해서 비싼 제품을 구입할 필요는 없다고 생각했다. 최종 선택은 두랄루민으로 만든 국산 제품이었다. 등산스틱은 산행뿐만 아니라 타프를 설치할 때 폴대로 사용이 가능해 백패킹 시 필수품이라 할 수 있다.

두랄루민 소재의 등산스틱(동계에는 탐방로에 쌓인 눈의 깊이를 파악하는데도 사용한다.)

아이젠과 스패츠

　스패츠와 아이젠은 동계 산행 시 필요한 장비이다. 스패츠는 눈이 등산화 안으로 들어가는 것을 막아주고 아이젠은 눈과 얼음으로 미끄러워진 등산로를 안전하게 탐방할 수 있도록 도와준다. 눈이 많이 쌓여 있지 않은 산이면 스패츠 없이 산행이 가능하지만 아이젠이 없을 경우 다리에 힘이 많이 들어가 빨리 피로해진다. 특히 하산 시에 안전사고의 위험이 높아지므로 꼭 챙겨야 한다. 밴드형 아이젠은 트레킹 중에 등산화에서 빠질 우려가 있어, 체인형 아이젠을 사용하고 있다.

체인형 아이젠 착용 모습. 아이젠 없이 설산을 간다는 것은 고생을 사서하겠다는 의지로 봐도 무방하다.

조금 더 안락한 휴식을 위해 – 주거장비

사실 없어도 되는 존재들이다. 있으면 야영생활이 편해지고 없으면 배낭이 가벼워지는 장비들 의자, 테이블, 실타프 등이 이에 해당한다.

헬리녹스 체어원. 가장 흔히 사용하는 브랜드이다.

의자

대부분의 백패커들이 하나씩 가지고 있다는 헬리녹스 제품을 영입했다. 900g이라는 획기적인 무게가 구매의 주 이유였다. 하지만 조금이라도 무게를 줄여야 하는 종주산행이나 장거리 트레킹을 할 때는 빼놓고 다닌다. 또한 나 홀로 동계 백패킹 시에도 거의 쓸 일이 없어 무게만 차지하는 계륵 같은 장비가 되곤 한다. 오히려 매트를 깔아 놓고 앉아 있는 편이 더 나을 때도 있다.

테이블

폴리에스테르 원단을 상판으로 사용하는 폴딩 테이블과 몸 전체를 알루미늄 재질로 만든 경량 테이블 등이 있다. 폴딩 테이블은 높이가 높고 넓다는 장점이 있지만 부피가 크고 무겁다. 알루미늄 테이블은 가볍지만 크기가 작은 편이고 높이가 낮아 의자와의 조합이 어정쩡하다. 백패킹은 무게가 중요하기 때문에 알루미늄 테이블을 주로 사용한다. 없어도 되기는 하지만 스토브 바람막이나 방열시트 대용으로 사용할 수 있어 가지고 다니는 편이다.

알루미늄 테이블

폴딩 테이블

실타프

날이 더워지는 계절에 들고 다닌다. 가볍다는 장점이 있지만 그만큼 원단이 얇아 한낮의 뙤약볕을 막아주지는 못한다. 실타프가 있다 하더라도 한여름에는 자연 그늘이 있는 곳을 야영지로 삼는 것이 현명하다.

실타프. 미니멀 캠핑용으로도 사용이 가능하다.

몸을 보호하라 - 의류

평소에 입고 다니던 등산복이 있어서 새로 구
입하지는 않았지만 의류를 준비하는데 있어
몇 가지 원칙이 있다. 우선, 젖으면 더딘 속도
로 마르는 면 소재의 옷은 입지 않는다. 젖은
옷이 피부에 오래 닿아 있으면 체온을 뺏길 우
려가 있고 더운 계절에는 땀 냄새가 많이 날 수
도 있다. 숲 트레킹을 하는 경우에는 덥더라도
긴 팔, 긴 바지를 챙겨 입었다. 풀이 살갗에 바

의류는 동계 백패킹 시 특히 신경 써야 하는 부분이다.

로 닿으면 피부 자극을 일으켜 소위 말하는 풀독에 걸리기 때문이다. 간
절기에는 갑작스런 기온 변화에 체온을 유지시켜줄 수 있는 바람막이
점퍼나 얇은 방한 점퍼를 챙겼다.

 추위와 싸워야 하는 겨울에는 두꺼운 옷을 한 겹만 입기보다는 얇은 방
한 의류를 4~5겹으로 껴입었다. 그렇게 하는 것이 체온 관리에 더 효과
적이었다. 등산 시에는 살짝 쌀쌀한 느낌이 들게 옷을 입은 후 산행에
나섰다. 활동을 하다보면 체온이 올라가기 마련인데 옷을 지나치게 따
뜻하게 입으면 땀으로 인해 체온을 뺏길 우려가 있었다. 설산을 오를 경
우에는 젖기 쉬운 장갑, 양말은 여벌을 준비했고 버프라고 부르는 안면
마스크를 준비해 얼굴과 목을 보호했다.

나의 길을 밝혀주는 인도자 - 조명장비

헤드랜턴

또 하나의 필수품이라 말하고 싶다. 야간 트레킹 시 반드시 필요한 존재
이며 야영지에서도 헤드랜턴만 있으면 다른 랜턴들은 크게 필요치 않
다. 밝기 값이 루멘(lumen)으로 표시되는데, 70루멘 이상은 되어야 야
간까지 쓸만하다. 최고 밝기 시간이 오래 유지되는 제품을 추천한다.

페쯸 사의 헤드랜턴

미니랜턴

주로 텐트 실내등으로 사용한다. 배터리 교환식, 충전식, 스탠드형, 고리형 등 다양한 종류가 있다. 특정 브랜드보다는 가벼운 제품을 추천한다.

오난 사의 루메나

가스랜턴

실내보다는 밖에서 생활할 때 사용한다. 소형 가스랜턴은 그리 밝지 않아 분위기용으로 사용하는 경우가 많고 심지와 유리관이 있어 트레킹 시 파손될 우려가 있다.

코베아 사의 미니가스랜턴

기타 장비

물통

배낭을 무겁게 하는 요인이지만 꼭 가져가야 하는 물. 보통 1박 2일 기준으로 2ℓ의 물을 챙기는데, 500㎖ 생수 4병을 가져가거나 500㎖ 생수 2병과 1ℓ의 물을 물통에 담아서 간다. 물을 나눠 담는 이유는 무게 분산을 통해 몸의 부담을 줄이려는 것이다.

물통을 따로 가져갈 때는 플라스틱 물병이나 스테인리스 물병을 사용한다. 스테인리스 물병은 무겁기는 하지만 동계 백패킹 시 물이 얼면 바로 스토브에 병을 데워 얼음을 녹일 수 있다. 작은 보온병을 가지고 가서 물이 얼지 않게 보관하기도 한다. 플라스틱 물통으로 가장 많이 사용하는 것은 '날진'사 제품이다. 뜨거운 액체를 넣어도 환경호르몬이 검출되지 않고 내구성이 강해 많은 백패커들이 애용하고 있다.

날진 사의 물통

디팩

'D' 모양으로 생긴 가방으로 자질구레한 장비, 옷가지, 음식 등을 넣을 수 있으며 주로 배낭의 각을 잡는데 사용한다. 그러나 있으면 유용하지만 적게나마 배낭 무게에 부담을 준다.

디팩

행동식

백패킹은 열량 소모가 많은 활동이다. 때문에 갑자기 탈진이나 어지럼증이 올 수 있는데, 이를 방지하기 위해 행동식을 미리 섭취해야 한다. 또한 예기치 못한 상황으로 산 속이나 야영지에 고립되었을 때 비상식량으로 사용할 수 있다. 열량이 높은 초콜릿, 사탕, 에너지바, 빵, 견과류 등을 준비하면 된다.

에너지바

보조 배터리

스마트한 기계를 많이 사용하는 백패커들이 꼭 소지해야 할 장비다. 산속이나 오지에서는 핸드폰 배터리가 빨리 소모되는 경우가 있고 혹한기에는 배터리 수명이 절반 수준으로 떨어지기 때문에 미리 준비하는 것이 좋다.

샤오미 사 보조배터리

다용도 칼

한 번씩 필요한 상황이 꼭 온다. 멀티 툴, 맥가이버 칼, 캠핑용 칼 등을 소지하도록 한다.

오피넬 사 등산용칼

상비약

장비라고 부를 수는 없지만, 중요한 준비물이다. 밴드, 상처 치료연고 소화제, 해열제, 파스 정도를 챙겨가면 된다.

구급 약품

백패킹 입문 코스로 유명한 평창군 선자령

백패킹,
이것이 궁금하다

많은 이들이 하고 있지만 그럼에도 백패킹은 여전히 마니아적인 측면이 강한 취미이다. 사서 고생을 자처하는 희한한 짓이라고 보는 이들도 많다. 그들은 나에게 정말로 일관되게, 마치 짠 것처럼, 세상의 질문은 그것밖에 없는 듯, 이런 질문을 한다.

Q. 이게 재미있어?

짧은 질문 속에 수많은 의문과 뜻이 내포되어 있는 함축적인 질문이다. 이 질문에 나는 이렇게 대답한다.

"재미없으면 하겠냐? 그런데 조금 힘들긴 해."

기막히고 숨 막히는 대자연의 풍광을 감상하며, 그 멋을 종일 즐기는 일이 백패킹 아니던가. 이 일을 어찌 재미없다 할 수 있을까? 하지만 무거운 배낭을 메고 걷는 일을 생각만 해도 몸서리치는 사람들이 있으니 취향을 많이 타는 취미라고 말할 수 있다. 산행 난이도에 따라 다르지만 어느 정도 체력이 요구되지만 5층 건물을 걸어서 오를 수 있는 체력이면 충분히 백패킹을 즐길 수 있다. 너무도 식상한 결론이지만 본인 의지가 가장 중요하다.

Q. 거기 가면 뭐 먹어?

먹기 위해 숨을 쉰다고 생각한다. 하지만 백패킹에서는 잠시 예외로 한다. 음식은 배낭을 무겁게 하는 가장 핵심적인 요인이자 배낭을 다이어트 시킬 수 있는 존재이다. 특히, 야산에서의 취사는 지정된 야영장을 제외하면, 전국 팔도 어디서든 불법이다. 아쉬운 대목이지만 현행법이 그렇다. 결국 많은 백패커들이 이 점을 안고 아슬아슬한 취사를 하는 것이다.

그렇기 때문에 나 역시 조리 과정이 최대한 생략된 데우기만 하면 먹을 수 있는 레토르트 식품 위주로 음식을 마련한다. 아니면 대형마트에서 판매하는 반조리 식품을 구매한다. 날이 춥지 않을 경우엔 데우는 과정조차 필요 없는 샌드위치, 김밥, 빵 등을 가져간다. 영양 균형이 걱정되는 날이면 집에서 샐러드를 만들어 가기도 한다. 핵심은 최대한 가볍고 간단히 먹는 것이다. 하지만 여럿이 함께 하는 백패킹에서는 자연스럽게 음식의 양이 많아지고 취사에 대한 조심성도 떨어진다. 신중하게 생각해야 하는 부분이다. 이견이 있을 수도 있으나 먹을 것은 가급적 간소화하는 것이 좋다고 생각한다.

물만 부어 먹는 전투식량

집에서 미리 준비해간 샐러드

Q.산에서 텐트를 쳐도 되는 거야?

가능한 곳이 있고, 안 되는 곳도 있다.

국가에서 지정, 관리하는 국립공원, 도립공원, 군립공원, 자연휴식년제 지정장소, 생태계 보존 지역 등은 취사는 물론 야영도 금지한다. 출입마저 금지한 곳도 있다. 이런 곳을 제외한 국유림 야산은 야영을 금지하지 않고 있다. 다만 산불방지 기간(보통 11월 초 중순~12월 중순 / 2월 중순~5월 중순)에는 출입을 통제하는 곳이 있기 때문에 잘 알아보고 방문해야 한다.

가끔 일부 백패커들이 국립공원, 도립공원 등에서 야영한 사실을 자랑스럽게 인터넷에 올리는 경우가 있는데 이건 상당히 옳지 못한 행동이다. 백패킹 자체가 자연에게 많은 신세를 지는 취미이기에, 최대한 아니 온 듯 다니는 백패커들이 대부분이다. 분별없는 행동으로 백패킹이 자연을 훼손한다는 인식을 갖게 해서는 안 될 일이다.

많은 이들이 오해하고 있지만 백패킹은 불법이 아니다.

Q. 춥지 않아?

5월 중순부터 9월 하순까지는 크게 춥지 않다. 하지만 가을을 지나 겨울이 절정에 다다랐을 때, 봄이 미처 도착하지 않은 시기에는 살을 에는 추위가 심심치 않게 찾아온다. 백패킹은 활동량이 많다보니 트레킹 중에는 얼굴이나 손을 제외하고 추위를 느끼기 힘들다.

그러나 야영을 하는 시점부터 체온을 뺏기기 때문에 확실한 방한복과 우모량 1,000g 이상 충전된 다운 침낭, 15시간 이상 열기가 지속되는 핫팩 등을 챙겨야 한다. 이들만 잘 준비한다면 겨울도 문제없다. 간혹 한겨울임에도 덥다고 잠에서 깨는 사람들도 있을 정도다. 간혹 따뜻함을 원한다고 산에서 장작을 태우는 이들이 종종 있는데 이는 절대 하지 말아야 한다.

춥긴 하지만 겨울은 백패킹을 즐기기에 가장 멋진 계절이다.

Q. 귀신은 없어? 안 무서워?

귀신이 하릴없이 아무도 없는 야산을 순찰 다닐만큼 자연친화적일 거라고 생각하지 않는다. 그리고 우리나라에 시베리아 호랑이나 캄차카 반도 불곰이 서식하는 것도 아니니 무서운 적은 없었다. 이렇게 말한다면 분명 허세일 것이다.

처음에는 긴장이 되었다. 나 홀로 어두운 산속에 있다는 외로움, 정체가 확실하지 않은 누군가가 있을지 모른다는 불안감, 그 존재가 날 위협할지 모른다는 두려움. 여러 쓸데없는 걱정에 홀로 공포영화 몇 편을 찍기도 했다. 하지만 그런 기분은 오래가지 않았다. 적응하고 나니 음산하게 들렸던 산속의 소리는 산이 내는 숨소리라고 생각하게 되었다. 이것도 혼자 다녔을 때의 이야기고, 일행이 같이 다니는 경우에는 딱히 긴장한 적이 없다. 아무튼 이제 귀신은 무섭지 않다.

Q. 용변은 어디서 해결해?

말하기 곤란한 부분이다. 백패킹은 주로 산속에서 진행하다 보니 소변은 어쩔 수 없이 노상방뇨를 하게 되는 경우가 많다. 대변은 참았다가 하산하면 해결한다. 간혹 거름을 준다며 소변을 나무에 직접 분사하는 사람이 있는데, 이는 나무에 해를 끼치는 행위이다. 불가피하게 대변을 봐야할 경우에도 나무와 거리가 떨어진 곳에 땅을 파고 일을 봐야 한다. 배설물이 보이지 않게 흙으로 다시 덮는 것은 기본적인 예의다.

LNT를 하는 이들 중에는 대변을 분해시키는 성분이 들어 있는 휴대용 간이 화장실을 들고 다니며 본인의 대변까지 챙겨오기도 한다. 아니면 배설물을 분해시키는 효소를 챙겨가 배설물 위에 뿌리고 흙으로 덮는 방법도 있다.

배설물을 분해시키는 효소와 자연 분해되는 휴지가 들어 있는 1회용 변기 BIFFI BAG

02
일단은
떠나야
한다

※현재 오대산 국립공원에는 소금강 오토캠핑장을 제외하고는 야영이 가능한 곳이 없습니다. 본문 내용은
 백패킹 초심자의 어려움을 표현하기 위해 불가피하게 도둑 야영 에피소드를 서술했음을 밝힙니다. 국립
 공원에서의 무단 야영은 삼가야 합니다.

신기한 백패킹의 세계를 만나다
평창 오대산 (1)

:: 체크 포인트

국립공원, 도립공원, 군립공원 등은 정해진 장소 외에는 야영 및 취사가 금지되어 있다. 국립공원 야영장뿐만 아니라 일반 국유림의 경우에도 산불조심기간, AI와 같은 전염병의 확산 통제를 이유로 폐쇄 혹은 출입금지가 될 수 있으니, 방문지에 대한 사전 확인은 필수다. 그리고 동계에는 야영장을 운영하지 않는 곳도 있으니 주의해야 한다.

:: 여행지 정보

- **난이도(★★☆☆☆)** | 상원사에서 비로봉 정상으로 가는 등산로는 만만치 않으나 월정사~상원사를 잇는 숲길은 누구나 편하게 걸을 수 있다.
- **접근성(★★★☆☆)** | 평창 진부터미널에서 월정사, 상원사로 향하는 시내버스가 1시간 간격으로 운행 중이다.
- **풍경(★★★★☆)** | 개인적으로 오대산 등산로보다 월정사~상원사를 잇는 천년의 숲길을 더 좋아한다. 아늑한 숲과 계곡을 번갈아 걷는 즐거움이 좋다.
- **야영지(☆☆☆☆☆)** | 현재 월정사 지구 내에는 야영 가능한 곳이 없다.

:: 찾아가는 길

- **대중교통** | 평창 진부터미널에서 월정사~상원사행 버스를 타고 오대산 입구 정류장에서 하차한다. 국립공원 안으로 들어서면 월정사 일주문, 전나무 숲길. 월정사를 지나 상원사로 이어지는 천년의 숲길과 만나게 된다.
- **자가 차량** | 내비게이션으로 '월정사주차장'을 검색하면 된다. 주차장은 월정사와 전나무 숲길 사이에 있다.

한밤 중 낯선 여행자와의 만남

2010년 10월 중순. 배낭 하나 둘러메고 한 달간 강원도 도보 일주를 하던 때였다. 홍천군 명개리에서 오대산 상원사로 넘어가고 있었다. 너무 여유를 부렸더니 해가 진 뒤에야 상원사에 도착하고 말았다. 시내버스는 이미 끊겼고, 스마트폰 없이 지도책 하나 들고 여행하던 시절이라 주변 정보에 대해 아는게 하나도 없었다. 국립공원이라 아무 곳에서나 비박할 수도 없어 무작정 걸었다. 가로등 하나 없는 어둠 속을 한 시간쯤 걸었을 무렵, 국립공원 내에 위치한 동피골 야영장이 눈에 들어왔다.

당시 내가 가지고 있던 장비는 편의점에서 파는 은박매트, 인터넷에서 4만 원 주고 구입한 솜침낭, 깔깔이로 통하는 군용 내피, 여벌의 등산복과 속옷, 내 발 사이즈보다 1cm 큰 여름 트레킹화가 전부였다. 비박하기에는 제법 쌀쌀한 날씨였고 먹을 것도 없는 상황이었지만 더 걸어갈 수는 없었다. '어떻게든 되겠지'라는 심정으로 야영장 내 평평한 바닥을 찾아 두리번거렸다. 그때, 작게 불을 밝히고 있는 텐트 하나가 눈에 들어왔다. 반가운 마음에 밖에서 쉬고 있던 야영객에게 다가갔다.

미국 고라이트 사의 TP텐트

지금은 흔히 볼 수 있는 미스테리랜치 사의 대형 배낭

"안녕하세요. 혼자 오신 거예요?"

"네, 지금 내려오시는 길인가 봐요?"

"명개리부터 걸어왔는데 시간 계산을 잘못해서 많이 늦었습니다."

"저도 도착한지 얼마 안됐어요. 괜찮으시면 앉죠."

낯선 순간이었지만 여행자라는 공통점 때문에 어색함은 금방 사라졌다. 서로 사는 곳은 어디인지 여정은 어떻게 되는지, 오대산을 찾게 된 이유는 무엇인지 물으며 대화를 이어갔다. 그는 나보다 1살 많은 형이었다. 나는 이내 호칭을 형으로 바꿨고 대화 주제는 자연스럽게 형이 가지고 있는 장비 이야기로 넘어갔다.

이 물건들은 어디에 쓰는 거지?

형이 가지고 있는 장비는 나와 비교해 모든 것이 달랐다. '이걸 메고 산행이 가능할까?'라는 궁금증이 들었던 100리터 배낭, '바닥이 없는 텐트는 왜 사용하는 거지?'라는 의구심이 들었던 쉘터, '침낭에도 옷을 입히는 구나!'하고 신기해했던 비비색, '사람이 올라가도 터지지 않을까?'하고 걱정됐던 에어매트, 그리고 헤드랜턴, 취사장비까지. 대책 없이 떠나온 나와는 다른 세상의 장비였다.

입이 닿는 부분은 열전도율이 낮은 금속을 사용해, 뜨거운 음식도 편하게 먹을 수 있게 만든 컵을 보았을 땐 신세계를 경험하는 듯했다. 내 50리터 배낭이 엄청 크다고 생각하며 여행하던 때였기에, 형의 100리터 배낭과 장비들은 외계에서 만든 물건으로 생각할 수밖에 없었다. 형의 장비를 보며 또 하나의 궁금증이 들었다.

"이걸 메고 산 정상까지 가신다고요?"
"시간이 되면 가고. 아니면 가다가 말고."

너무나 태연한 대답. 시간이 문제지, 체력의 문제는 아니었다. 많은 사람들이 내 배낭도 무거워보인다며 걱정이 가득한 눈길을 보내던 시절이었는데 형의 배낭은 여행이 아니라 고행을 위한 존재로 느껴졌다.

배낭을 메고 떠나는 이유

당시 내가 했던 도보 여행도 백패킹의 한 방식이었다. 하지만 장비도 제대로 없었고 야영을 필수로 생각하진 않았기 때문에 요즘의 백패킹과는 거리가 좀 있다. 꼭 장비를 챙기고 다녀야만 백패킹은 아니다. 단지 그런 모습의 백패킹을 처음 접한 것이 그때여서 유달리 기억에 남을 따름이다. 그때 풍경은 신세계 그 자체였으니 말이다.

7년 전의 짧은 만남이 있었기에 나는 백패킹을 시작한 것인지 모른다. 무거운 배낭을 메고 산에 오르고, 신묘해 보이는 장비들을 구입하며 텐트 속에서 낭만적인 밤을 보내는 일을 내가 직접 해보고 싶었던 마음이 생겼기 때문이다. 그만큼 7년 전의 밤은 즐거웠고 그 즐거움을 다시 경험하기 위해 나는 다시 배낭을 꾸리고 있다.

백두대간 능선인 능경봉

첫 백패킹. 배낭 수납이 많이 엉성한 모습이다.

초보 백패커, 위기에 빠지다

오대산에서의 인상적인 만남으로부터 3년 뒤, 본격적인 백패킹을 해
보겠다며 장비들을 구입하고 떠날 준비를 했다. 하지만 마음은 3년 전
과 똑같았지만 많은 것이 달라져있었다. 체중은 10kg이나 늘었고 체력
은 바닥을 친 상태였다. 배낭을 꾸리는 일도 익숙하지 않았다. 한 달 동
안 떠날 짐을 30분 만에 꾸리던 익숙함은 사라지고, 어떤 것을 먼저 해
야할지 감을 잡을 수 없었다. 2시간의 사투 끝에 앙탈부리는 배낭을 겨
우 진정시키며 짐 꾸리기를 마무리 지었다. 3년 전의 추억을 곱씹기 위
해 장소는 오대산으로 결정했다. 그런데 배낭 무게 때문에 발걸음은 떨
어지지 않고 시작도 하기 전에 어깨 마저 저려왔다.

이런저런 핑계로 시간을 지체하다 보니 여행의 시작점인 천년 고찰
월정사에 도착했을 때는 이미 어둠이 내린 뒤였다. 말 못할 고요함이
서늘하게 깔려 있었고 사방은 검은 물감을 뿌린듯히 캄캄했다. 이 어
두운 길을 걸어 가려니 심장은 떨렸고, 이상한 불빛이 나를 쫓는 것
같은 느낌도 들었다. 정수리부터 척추까지 소름이 돋았다. 무서움을
떨치는 방법은 걷는 것뿐이라고 생각해고, 월정사에서 동피골 야영
장까지 4km가 넘는 거리를 앞만 보고 걸음을 재촉하여 야영장에 도
착했다.

안도의 한숨을 내쉬었다. 하지만 그것도 잠시, 더 큰 비극과 맞닥뜨렸
다. 동피골 야영장이 당연히 운영 중일 거라 생각했는데 2011년도에
폐쇄된 상태였다. 미리 알아보지 않은 내 실수였다. "어떡하지? 다시
1시간을 걸어서 나간다? 말도 안 돼" 시내버스는 벌써 막차가 떠나간
후였다.

생존이 우선이었다. 국립공원에서 하면 안 되는 것을 잘 알지만 칠흑 같은 어둠 속에 덩그러니 놓일 수는 없었다. 오늘만 오대산에 양해를 구하고 도둑 야영을 하기로 결심했다. 최대한 평평하고 나뭇잎이 잘 쌓인 곳에 자리를 잡았다. 텐트는 구입 후 실전에서는 처음 설치해보는 탓에 시간도 많이 걸렸다. 폴대와 이너텐트는 금방 연결했지만 플라이 설치에서 버벅거렸다. 마음은 급한데 설치 방법을 정확히 모르니 답답한 마음에 손길만 앞서 시간이 더욱 지체됐다. 겨우 텐트를 설치한 뒤 자려고 누웠지만 도둑이 제발 저리다고 주변 소리와 불빛에 민감하게 반응했고 이내 불편한 마음은 꿈자리까지 따라왔다. 누군가가 텐트를 뺏어가는 악몽이 대하드라마처럼 펼쳐지며 밤새 제대로 잠들지 못했다. 누굴 탓하겠는가. 나의 무딘 결단력과 준비 부족이 야기한 참사였다.

눈물겨운 산행을 버티게 해준 조력자

다음날 일정도 굴곡의 연속이었다. 새벽부터 서두른다고 했으나 익숙하지 않은 짐 정리에 많은 시간을 빼앗겼다. 하루 만에 짐정리의 노하우가 생겼을 리 없었다. 무엇보다 나를 더 힘들게 하는 건 엄청난 무게의 배낭이었다. 20kg에 달하는 배낭을 메고 오대산을 오르자니 죽을 맛이었다. 헉헉대며 넘어가려는 숨을 힘겹게 참고 터지기 일보 직전인 숨통을 진정시켰다. '내가 이 짓을 왜 하고 있는 거지.'라고 생각하면서 올라온 시간과 거리가 아까워 계속 오를 따름이었다.

이 험난한 상황 속에서 나에게 힘이 되어준 건 등산스틱이었다. 이전까지는 등산을 하면서 스틱을 사용한 적이 없었는데, 이날에야 비로소 등산스틱의 소중함을 깨달았다. 발이 두 개 더 늘어난 기분이랄까. 녀석은 무거운 내 몸이 어떻게든 올라갈 수 있도록 든든하게 이끌어 주었다. 녀석이 없었다면 중간에 주저앉았을지도 모른다. 특히 하산할 때 그 존재가 찬란히 빛났다. 산은 내려올 때 더 조심해야 관절에 무리가 가지 않는데 스틱을 사용하니 확실한 버팀목이 되었다. 다리에 힘이 풀려 후들거리는 상황에도 등산스틱이 있어 안전하게 내려올 수 있었다. 이 친구야 말로 백패커에게 매우 중요한 물건이라는 사실임을 뼛속 깊이 깨달았다.

등산 스틱은 꼭 챙겨야 산행이 편해진다_운탄고도

오대산 선재길. 월정사부터 상원사까지 이어진 숲길이다.

운탄고도 _ 탄광 산업이 호황이던 시절에 석탄을 운송하던 길

떠나보면 알게 된다

고난의 연속이었던 백패킹을 끝낸 다음날. 너의 백패킹 경험을 영원히 남기겠다는 뜻이었는지 온몸에 근육통이 찾아와 여행의 흔적을 아로 새겨주었다. 백패킹이고 나발이고. 다시는 배낭을 메고 싶지 않았다. 그리고 며칠의 시간이 흐르고 근육통이 몸속을 떠났다. 그런데 나는 다시 짐을 꾸리고 있었다. 내 스스로도 이상했지만 떠날 준비를 하고 있었다. 어떤 마력이 나를 야생으로 또 이끌었던 걸까?

백패킹에 관심을 갖는 많은 사람들이 체력적인 두려움, 야생의 무서움, 행동의 불편함 등을 이유로 실전에 옮기기까지 많은 시간을 소모하는 경우가 있다. 나부터도 그랬다. 물론 오토캠핑보다는 체력소모가 많고, 혼자 산에서 자는 일이 무서울 때도 있었다. 하지만 막상 해보면 별거 아님을 금방 체감할 수 있다. 떠나 있는 '순간'은 힘들지만 떠난 뒤의 '순간'은 다시 집 밖으로 나서게 하는 원동력이 된다.

그리고 한 가지 깨닫게 된다. 백패킹을 하며 겪는 체력적인 고단함보다 떠나기까지의 결정이 더 힘든 것이었음을. 그러니 일단 무모하게 떠나보자. 그동안 모르고 있었던 새로운 여행의 길이 열릴 것이다.

덕적도 서포리 해변

우리 어디서 자야 하지?
인천 덕적도

:: 체크 포인트

야영지를 미리 정하지 않고 떠날 경우에는, 알루미늄펙과 데크 펙을 동시에 준비해야 돌발 상황에 대처할 수 있다. 또한 해변의 모래밭이나 겨울철 눈밭에 텐트를 칠 경우 일반 펙은 고정하기 쉽지 않다. 이때 스노우펙(샌드펙)을 준비하면 텐트 고정이 수월해진다. 더불어 백패킹에 익숙하지 않은 상황이라면 바람이 불지 않는 숲의 평평한 곳에 텐트를 설치하여 안전한 야영이 될 수 있도록 해야 한다.

:: 여행지 정보

- 산행 난이도(★★☆☆☆) 덕적도 선착장에서 서포리 해변, 밭지름 해변, 비조봉을 연결하는 탐방로가 있다. 비조봉 등산로 일부를 제외하고는 힘든 구간은 없다.
- 접근성(★★★☆☆) 인천 여객선 터미널과 대부도 방아머리 선착장에서 덕적도행 여객선이 운항중이다. 인천 쪽이 운항 편수가 많다.
- 풍경(★★★☆☆) 덕적군도 일대를 조망할 수 있는 비조봉 정상 풍경과 남해를 연상시키는 해변 풍경이 매력적이다.
- 야영지(★★★☆☆) 서포리 해변과 밧지름 해변에 야영장이 조성되어 있다. 우리가 머물렀던 비조봉 정상은 텐트 치기 적합한 곳이 아니라 추천하지 않는다.

:: 찾아가는 길

인천 여객선 터미널에서 덕적도행 여객선이 하루 4~5편 운항중이다. 배편에 따라 1시간~2시간 40분 가량 소요된다. 덕적진리 선착장에서는 도보, 택시, 버스 등을 이용하여 이동이 가능하다. 선착장과 서포리 해변은 7km 가량 떨어져 있다.

삽질, 뜻밖의 여정

"형, 우리 어디가?"

"섬 안으로 들어가면 뭐든 있지 않을까?"

"여기 뭐가 있겠어?"

우리에겐 어처구니없는 상황에 나와 함께 온 대학 후배 창희는 헛웃음만 지었다. 주변을 살펴봐도 아는 것이 아무것도 없었고 지도를 본다 한들 해답이 나오지도 않았다. 낙동강 오리알 그 자체였다. 우리 우리에겐 '백패킹의 성지'라 불리는 굴업도의 개머리 언덕에서 유유자적 야영을 즐기는 화려한 일정이 있었다. 그런데 중간 경유지인 덕적도에 남겨지고 말았다. 배 시간을 잘못 알아 하루 한 대 운행하는 배를 놓친 것이다. 그렇다면 덕적도는 어디인가. 당시에는 그 섬의 존재에 대해 전혀 아는 바가 없었다. 인천 옹진군에 속한 섬들의 집합을 일컫는 덕적군도 중에서 가장 큰 몸집을 자랑하며, 1,000여 명의 주민이 살고 있다는 기본 정보조차도 몰랐다. 어쩔 수 없이 섬 안에서 운행되는 택시를 타고, 근방에 있는 서포리 해수욕장으로 향했다.

"여기 남해 아니야?"

얼떨결에 찾아간 서포리 해수욕장은 서해가 맞나 싶을 정도로 맑은 바닷물이 유혹의 손길을 보내며 백사장을 적시고 있었다. 넓은 해변을 바라볼 수 있는 야영장도 있었다. 문제가 있다면 너무 심심하다는 것이었다. 산책을 잠깐 하면서 풍경을 보고 나니 할게 없었고 낮잠도 오지 않았다. 서포리 해변은 굴업도의 환상적인 조망권을 누리며 백패킹을 하려던 두 남자의 욕망을 채워줄 수 없었다. 초보 백패커에게 뷰포인트는 9회말 2아웃에 터진 끝내기 안타보다 소중한 것이었다.

비조봉 정상에서 바라본 풍경

비조봉 정상. 노을 앞으로 보이는 작은 섬이 굴업도이다.

하늘은 스스로 찾는 자에게 야영지를 주시니

인터넷 지도를 보고 주변을 샅샅이 확인했다. 덕적도의 산이 수색 대상이었고 얼마 지나지 않아 산 하나가 눈에 들어왔다. '비조봉?' 정상부 나무 데크로 되어 있고 360도 탁 트인 전망을 가지고 있었다. 높이도 300m밖에 되지 않았다. 그래, 여기야! 조사결과대로 비조봉 정상은 덕적도 일대는 물론, 덕적도 주변의 섬들까지 조망할 수 있는 시야를 가지고 있었다. 서포리 해변에서 받았던 남해의 느낌이 더 크게 느껴졌고, 구경만이라도 하라는 뜻인지 굴업도까지 보여주는 친절을 베풀었다.

"덕적도도 괜찮네!"

두 남자는 저 멀리 굴업도를 바라보며 그렇게 외쳤다. 우리는 최대한 주변에 폐를 끼치지 않기 위해 방문객이 뜸할 때까지 기다렸다가 굴업도가 보이는 방향으로 텐트를 치기 시작했다.

"형, 데크펙 있어야 할 텐데"
"데크펙? 그게 뭐야?"
"나무 데크에 쓰는 펙 있어"
"데크 틈 사이로 펙 안 들어가나?"

가벼운 특성 때문에 많이 사용하는 알루미늄펙

나무 데크 위에 텐트를 설치할 경우 사용하는 데크펙

데크펙의 초성도 몰랐던 진정한 초보였다. 나름 산 정상이라 바람에 대비해야 했지만 그럴 수 없는 상황이었다. 데크 틈 사이 중 그나마 넓은 곳을 골라 대강 펙을 집어넣어 텐트를 고정시켰다. 뭔가 엉성하게 세워졌지만 사람과 짐의 무게로 어떻게든 감당할 수 있을 거라 믿었다. 텐트까지 설치하고 나니 잊고 있던 허기와 함께 일몰이 찾아왔고, 저녁을 먹으며 삽질의 하루를 곱씹었다. 엉망진창으로 끝날 뻔 했는데 꿩 대신 닭이 이런 건가 싶고 충분히 만족스러웠다. 제대로 고정하지 못한 텐트가 늦가을의 바다 바람을 맞으며, 이리저리 펄럭일 뿐 모든 것이 평화로웠다.

감탄사를 연발하고도 남을 멋진 풍경과 달콤 쌉싸름한 맥주가 있었고, 해가 사라진 하늘은 별들로 채워졌다. 굴업도라는 아쉬움이 마음 한 편에 남았지만 또 다른 여행을 기약할 수 있는 원동력이 되었다고 생각하기로 했다. 백패킹의 밤이기에 가질수 있는 마음의 여유였다.

북망산 정상에서 바라본 구봉도

등잔 밑을 밝혀라
대부도 북망산

:: 체크 포인트

인터넷 지도를 활용해 동네 주변이나 가까이에 있는 산을 검색
하면 괜찮은 풍경을 가진 곳들을 찾을 수 있다. 다만 거주지 인
근의 산, 특히 수도권의 경우에는 아침 일찍부터 산에 오르는
등산객이 많아 이른 철수가 불가피하다. 아침의 여유보다는 고
즈넉한 밤기운을 누리고자 할 때 방문하면 적당하다.

:: 여행지 정보

• **산행 난이도**(★☆☆☆☆) 이름은 산이지만 높이가 낮아 오르
기 수월하다. 마을길에서 시작해 30분 정도 걸으면 정상에
도착할 수 있다.

• **접근성**(★★★☆☆) 4호선 안산역에서 북망산 근처까지 가
는 버스가 있다. 들머리와 1km가량 떨어진 곳에 공영주차
장도 있다.

• **풍경**(★★★☆☆) 서해 갯벌과 작은 마을, 시화 방조제, 송도
국제도시를 두루두루 볼 수 있는 야경이 괜찮은 곳이다.

• **야영지**(★★☆☆☆) 본문 사진에 나오는 전망데크는 사라졌
다. 또한 장소가 협소하여 개인 백패킹에 적합하다.

:: 찾아가는 길

• **대중교통** | 4호선 안산역 1번 출구 맞은편에 있는 버스 정류
장에서 123번 대부도행 버스를 타고 대부영광교회 정류장
에서 하차한다. 교회 옆의 마을길에 들어서면 대부 해솔길
리본을 볼 수 있으며, 이를 따라 걸으면 북망산 활공장에 도
착한다.

• **자가 차량** | 내비게이션으로 대부도 공영주차장을 검색한다.
주차장에서 구봉도 방향으로 도보로 800m 이동하면 들머
리인 영광교회와 만나게 된다.

인터넷 지도를 수색하다

무거운 배낭을 메고 1박 일정의 백패킹을 다녀오면 왠지 억울한 마음이 든다. 짧은 순간을 위해 바치는 고생의 무게가 꽤 크기 때문이다. 더구나 먼 곳까지 갔다가 하루 만에 돌아오면 더 억울하다. 대안이 없는 것일까? 집근처에는 갈만한 곳이 없는 것일까? 해답을 찾기 위해 컴퓨터 앞에 앉아 인터넷 지도를 검색한다.

우선 지역을 좁히고, 집에서 그리 멀지 않으면서 지리와 교통편을 아는 곳을 검색 대상으로 한다. 그렇다면 안산에 있는 시화방조제로 연결되어 있는 대부도가 적당하다. 대부도로 지역을 정한 나는 인터넷 지도를 살피며 근처 산을 찾아보았다. 등산로는 있는지 정상부는 어떤 형태일지 대강 짐작했다. 이와 더불어 '대부도 백패킹', '대부도 산', '대부도 비박', '대부도 등산' 등의 검색어로 인터넷 후기를 찾아보았다. 그때 블로그 하나가 눈에 들어왔다. 대부도 해솔길에 관한 후기였고 바다를 조망할 수 있는 전망대 사진 한 장이 보였다. 여긴 어디지? 패러글라이딩 활공장? 그렇다면 전망은 확실하다는 말이다.

북망산 정상 데크

내가 원했던 건 이게 아닌데

이 정도 조건이라면 가 볼 만하겠어. 미리 싸놓았던 배낭을 메고 집을 나섰다. 내가 찾은 포인트의 이름은 북망산. 대부도 해안을 따라 걸을 수 있게 조성된 '대부 해솔길' 7개 코스 중 1코스에 있는 낮은 산이었다. 언덕 같은 산은 예상대로 오르기 수월했다. 금방 활공장과 만났다. 그런데 느낌이 이상했다. 기대했던 풍경이 아니었다. 서해의 넓은 갯벌이 펼쳐져 있고 한쪽엔 구봉도의 작은 마을이 옹기종기 모여 있고, 풍경의 끝자락엔 시화방조제와 송도국제도시가 앉아 있었는데, 이상하게 느낌이 공허했다.

원인은 간단히 규명됐다. 텐트 칠 곳이 마땅치 않아서였다. 활공장은 경사가 심했고, 데크 전망대는 3면이 난간으로 가려져 시야가 좋지 않았다. 실망감이 두 눈을 채웠지만 그냥 갈 수 없었다. 전망대 위에 텐트를 설치하기로 했다. 지난 덕적도에서의 실수를 반복하지 않기 위해 데크팩을 챙겨 온 터라, 텐트 설치는 수월하게 진행됐다. 야영용 데크가 아니기에 나무가 아닌 데크 틈 사이에 펙을 끼워 넣었다. 집 공사 완료를 축하하려는 모양인지 3월의 칼바람이 온 몸을 휘감았다. 얼굴이 찢어질 것만 같아 텐트 안으로 급히 피신했다. 풍경도 그저 그런데 날씨마저 도와주지 않는구나.

북망산 정상에선 송도 야경을 감상할 수 있다.

북망산 정상에서 바라본 일몰

풍경은 뜨거운 차를 마시듯 천천히

태양이 사라지고 어둠이 깔렸다. 야경 사진을 찍기 위해 텐트 밖으로 나왔고 차가운 바람과의 한판 승부를 벌여야 했다. 차분히 앵글을 잡고 셔터를 눌렀다. 20초 동안 카메라는 눈앞의 풍경을 담았다. 야경을 담고 있는 카메라 방향을 천천히 사색하듯 바라보았다. "여기 괜찮은 곳이구나!". 밤이 찾아오며 시선을 분산했던 것들이 눈앞에서 사라지니 좋은 풍경으로 다가왔다. 멋진 것을 더욱 부각시켜주는 어둠의 배려가 좋았을까? 처음 바라보았을 때의 아쉬움이 조금씩 해갈되고 있었다.

첫인상은 5초 만에 결정된다고 한다. 그리고 한번 각인된 첫인상은 쉽게 바뀌지 않는다. 북망산의 첫인상은 그다지 좋지 않았다. 컸던 기대만큼 아쉬웠다. 다행히 섬세한 손길을 가진 어둠이 제공한 야경이 있어 그 첫인상을 바꿀 수 있었고 덕분에 집에서 멀지 않고, 부담 없이 떠날 만한 작은 아지트를 찾게 되었다. 앞으로 갈만한 곳을 몰라도 헤매는 일은 없을 것 같았다. 그것만으로 충분히 감사한 1박 2일의 시간이 천천히 지나갔다.

쌍계사 십리벚꽃길

물길 따라 만나는 봄의 기운

하동 섬진강

:: 체크 포인트

강이나 하천을 끼고 있는 트레킹 코스들은 대부분이 평탄한 길
로 이루어져 있어 걷기에 편하다. 4대강 주변에 걷는 길이 있
으며, 우리강 이용도우미 홈페이지에 들어가면 코스를 확인할
수 있다. 직접 코스를 만들어서 걷고 싶다면 하류보다는 중상
류 구간 옆에 있는 도로를 걸으면 된다.

:: 여행지 정보

- **산행 난이도(★☆☆☆☆)** 쌍계사 길, 섬진강 옆의 19번 국도
  모두 평지라 누구나 편히 걸을 수 있다.
- **접근성(★★★☆☆)** 서울, 진주, 부산, 하동, 구례에서 화개장
  터까지 가는 시외버스가 운행 중이다.
- **풍경(★★★★☆)** 조금씩 변해가고 있는 추세이지만 여전히
  깨끗한 강변과 벚꽃, 너른 들판을 만날 수 있다.
- **야영지(★★★☆☆)** 평사리 마을 입구에 있는 평사리공원 오
  토캠핑장에서 섬진강을 보며 야영을 즐길 수 있다. 네이버에
  '평사리공원 오토캠핑장'을 검색하면 예약사이트로 접속할
  수 있다.

:: 찾아가는 길

- **대중교통** | 하동 또는 구례행 시외버스를 타고 화개 시외버
  스터미널에서 하차한다. 섬진강을 바라본 상태에서 왼쪽으
  로 가면 하동읍 및 평사리, 오른쪽으로 가면 구례읍, 뒤 쪽으
  로 가면 쌍계사가 나온다.
- **자가 차량** | 내비게이션으로 화개장터 정류장을 검색하면 된
  다. 평사리로 바로 갈 경우, 최참판댁 공영주차장을 검색하
  면 평사리공원 오토캠핑장을 지나 최참판댁으로 향한다.

아쉬움 가득한 봄의 동네

봄이 되면 늘 생각나는 곳이 있다. 바로 경남 하동. 박경리 선생의 대하소설 『토지』의 무대가 되는 평사리 악양마을의 드넓은 들판, 봄의 터널에 들어온 듯한 착각을 일으키는 쌍계사 벚꽃길, 그리고 섬진강을 따라 평화롭게 이어진 19번 국도까지. 4월의 하동은 어느 곳에 서 있어도 봄의 향기에 취해 정신을 차릴 수 없게 만드는 마력을 지니고 있다. 그 마력을 느끼고자 배낭을 메고 하동을 찾았다. 많은 이들이 나와 같은 생각이었는지 목적지인 화개장터 부근부터 길이 막혀 버스가 움직이질 않았다.

기다림에 지쳐 버스에서 내려 걷기로 했다. 막힌 도로로 인해 차량에서 빠져나온 인파는 화개장터까지 가득 메웠고, 지리산 쌍계사로 이어진 벚꽃길 역시 부산스러웠다. 가장 아쉬운건 날씨였다. 좀처럼 낭만을 찾기 힘든 뿌연 날씨 탓에 벚꽃길의 운치는 반으로 줄어들었다. 지난번 봄에는 섬진강으로 흘러가는 화개천을 따라 줄 서 있는 벚나무와 주변에 옹기종기 모여 있는 시골집, 그리고 너른 녹차밭이 쌍계사까지 가는 6km의 여정을 기분 좋게 만들었는데, 이날은 뭔가 부족했다. 은근슬쩍 변해가는 모습이 못마땅했는지도 모른다.

섬진강

존재만으로도 아름다운 강

벚꽃길에서 벗어난 후 섬진강과 나란히 있는 19번 국도를 따라 야영지
를 찾기 위해 악양마을 쪽으로 걸었다. 어둠이 깔리고 2시간 남짓 걸었
을 때 푹신푹신한 모래가 가득한 강변을 만났다. 집터로 삼기 딱 좋은
곳이었다. 물가와 적당히 떨어진 곳에 텐트를 치고 가로등 불빛을 받아
슬쩍 모습을 드러내는 섬진강의 고요한 몸짓을 보며 쌉쌀한 맥주 한 모
금을 들이켰다. 낮의 아쉬움을 쓸어내리는 시원함이 그 안에 있었다.

트레킹 당시에는 몰랐는데 하동 일대 섬진강 유역은 상수원 보호구역이라 야영이 안 된다. 대신 평사리 마
을 입구에 위치한 평사리공원 오토캠핑장에서 섬진강을 보며 야영을 즐길 수 있다.

섬진강

날이 밝았다. 아침의 여유를 즐긴 뒤 평사리 마을로 향했다. 오늘도 강을 따라 걷는 편안한 길. 백패킹을 떠날 때마다 힘들게 다녔더니 오랜만에 만난 평평한 길이 너무 반가웠다. 사방이 탁 트인 곳은 많지 않았지만 체력적인 여유와 평온한 마음을 얻을 수 있었다. 이런 이유로 나는 오르막과 싸우는 등산보다는 평지를 걷는 트레일을 더 좋아한다. 복잡한 머릿속 정리가 필요할 때면 트레일을 통해 생각을 가지런히 정리하고는 했다. 그 과정에서 좋은 아이디어가 나온 적도 많았다.

급한 것 없이 유유히 흐르는 섬진강은 생각을 정리하기에 최고의 장소
였다. 화려한 치장은 없지만 강이 뿜어내는 장엄한 기운이 보는 이의 마
음을 차분하게 만들기 때문이다. 그 유유함에 어울리게 길이도 꽤 긴 편
으로 전북 진안군과 장수군의 경계에 있는 팔공산에서 발원하여 임실,
순창, 곡성, 구례, 하동을 거쳐 광양만으로 흐르는 총 210km가 넘는 우
리나라에서 4번째로 긴 강이다. 나는 이렇게 긴 섬진강의 하류 쪽을 걷
는 중이었다. 별거 아닌 정보였지만 알고 걸으니 괜스레 섬진강이 색달
라 보였다. 강길의 완온한 기운이 더 넓게 느껴졌다.

악양마을 평사리 들판

다시 보러 올게

평사리 마을을 끝으로 여행을 마무리하기로 하였다. 소설『토지』의 배경이 되는 곳이자 드라마『토지』의 촬영 세트장 '최참판댁'이 있는 평사리. 이곳이 유명해진 것은『토지』때문이지만 막상 평사리에 오게 되면『토지』의 흔적보다는 지리산 아래로 넓게 펼쳐진 평사리 들판의 시원함이 더 깊게 다가온다. 하지만 평사리와 악양마을은 손님을 맞이할 준비가 덜된 모습이었다. 논과 밭, 그리고 지리산이 조금 더 옷을 챙겨 입고 난 뒤에 와야겠다는 생각이 들어 여기서 여행을 멈추기로 했다. 아쉽지만 괜찮았다. 적당한 아쉬움은 다음 여행을 위한 설렘이 되니까. 이 아쉬움을 간직하고 있다가 평사리 들판이 온통 금빛으로 물드는 시기가 되면 다시 찾겠다고 마음속으로 예약을 했다. 그때 느낄 감동을 위해 빈자리를 넉넉히 남겨두고 하동의 여정을 마무리했다. 여행이 끝나감을 알았는지 발바닥이 아파 왔다.

청풍호(제천군에선 청풍호, 충주시에선 충주호라고 부른다.)

나만의 야영지를 찾아라
제천 청풍호

:: 체크 포인트

청풍호를 비롯한 대형 인공 호수 중 상수원 보호구역으로 지정된 곳은 야영과 취사 행위가 금지되어 있다. 호숫가와 거리가 떨어진 장소에 평평한 노지들이 많이 있으니, 야영은 그런 장소를 이용하면 된다. 물가 바로 앞의 야영은 삼가하자. 필자는 초보 시절인 당시 정보 부재와 무지로 인해 호수 근처에서 야영했음을 밝힌다.

:: 여행지 정보(비보안 기준)

• **산행 난이도**(★☆☆☆☆) 호수 인근의 길은 평평해서 걷기 어렵지 않다. 청풍호 주변의 산을 트레킹 하면 백패킹의 재미를 더 할 수 있다.

• **접근성**(★★☆☆☆) 청풍문화재단지까지는 버스를 이용하면 편하게 접근 가능하지만 사람들의 방문이 적은 호수 외곽에 가려면 제법 걸어야 한다.

• **풍경**(★★★☆☆) 마치 바다를 연상시키는 호수의 넓은 풍경이 인상적이다.

• **야영지**(★★☆☆☆) 호수 주변에 평평한 노지가 많으나 청풍호 일대가 상수원보호구역임을 인지하고 야영지를 선정해야 한다.

:: 찾아가는 길(청풍 문화재단지 기준)

• **대중교통** | 제천시외버스 터미널 인근의 우리은행 버스 정류장에서 950번 버스를 탄 뒤, 청풍문화재단지 정류장에서 내린다.

• **자가 차량** | 내비게이션으로 '청풍문화재단지'를 검색한다.

한밤중 수색에 나서다

인적이 드물고 차도 잘 다니지 않는 한밤중의 시골길을 걷자니 온 몸이
경직된다. 애써 태연한척 노래를 흥얼거리며 걸음을 재촉해 보지만 불
어오는 바람을 온몸으로 휘감은 나무들이 격렬한 몸짓으로 춤을 추고
바람 소리와 새가 하나 되어 어둠 속의 합창을 하니 절로 몸이 떨려온
다. 나는 왜 홀로 공포스러운 밤의 한가운데를 걷고 있는 걸까.

이유는 간단하다. 사람들이 잘 찾지 않는 나만의 야영지를 찾고 싶어서
였다. 그것이야말로 많은 백패커들의 로망이며 이 무모한 모험을 하고
있는 절대적인 이유였다. 나는 지금 인터넷 지도를 살피며 야영지를 찾
아 청풍호 어딘가를 향해 헤매고 있다. 충주, 제천, 단양 세 지역에 걸쳐
있는, 내륙의 바다라고 불릴 만큼 넓은 크기를 자랑하는 청풍호(일반적
으로는 충주호라고 부름). 소양호에 이어 국내에서 두 번째로 큰 면적
을 자랑하는 곳이니 호수 주변 평지에 야영할 만한 곳도 많을 거라 생각
했다.

좀처럼 호수가 나오지 않을 것 같던 음산한 길을 지나니 탁 트인 시야
가 눈에 들어왔다. 하지만 헤드랜턴의 배터리가 다 떨어졌는지 불빛이
약해져 주변 수색에 별 도움이 되지 않았다. 직접 호숫가로 가보기로 하
고 발을 내딛는데 정체 모를 푹신한 땅이 발을 잡아먹듯이 아래로 삼켰
다. 깜짝 놀란 마음에 있는 힘껏 발을 들어 올려 어기적거리며 호수를
향해 걸어갔다. 해변의 넓은 모래사장과 같은 호수의 가장자리가 눈에
들어왔다. 작은 바다라 불러도 손색이 없을 것 같은 모양새. 낯선 방문
자에게 지금 네가 보고 있는 것은 사실 바다였다고 말해주고 싶었는지
잔잔한 물결이 연신 모래 위로 올라왔다. 분위기는 대만족이었다.

강풍이 부는 날에는 스트링을 이용해 텐트를 단단히 고정해야 한다.

바람과 맞선 처절한 사투

이제는 잠자리 선택만 남았다. 내가 선택할 수 있는 곳은 두 자리. 평평하고 넓지만 풍경이 아쉬운 푹신한 모래밭과 경치는 시원하게 펼쳐져있지만 바닥이 온통 돌과 바위로 이루어진 척박한 땅. 정상적인 판단이라면 모래밭을 선택했겠지만 나의 선택은 풍경이었다. 얇은 접이식 발포매트 하나만 있는 주제에 몸 하나 누이기 힘든 돌밭을 잠자리로 결정한 것이다. 정신 나간 듯이 바람이 불어오는 한가운데서 텐트를 펼쳤다. "펄럭 펄럭 펄럭! 악!" 외마디 비명과 함께 고난은 시작되었다.

미친듯한 강풍이 온몸을 때리며 텐트를 빼앗아가려 했다. 폴대를 2개만 끼우면 되는, 설치가 간편한 싱글월 텐트를 가져갔음에도 불구하고 폭군 같은 바람 앞에선 소용없었다. 바람이 부는 상황에서는 그라운드 시트와 텐트를 먼저 펙으로 땅에 고정시키고, 이후 폴대를 끼우면 끝났을 일이었다. 하지만 그럴 여유도 노하우도 없었던 생초보 시절이었다. 어떻게든 폴대부터 끼우려고 아등바등하며 인생의 쓴맛을 처절히 맛보고 말았다. 고난의 과정을 견디고 나니 겨우겨우 텐트는 설치됐고, 바람은 조금씩 잦아들었다. 그제야 호수 주변의 풍경이 눈에 들어왔다. 호수 건너편의 휴양시설에서 뿜어져 나오는 조명이 호수 위로 깔리면서 은은한 빛을 만들어냈다. 수 시간에 걸친 인터넷 검색과 불안한 걸음, 냉혹한 바람과의 사투를 견딘 보람을 느낄 수 있었다.

이것이 백패킹의 맛

밤새 주변을 요란스레 활보하던 바람은 아침이 되자 거짓말처럼 호숫가를 떠났다. 대신 어제는
보지 못했던 푸른 하늘이 자리잡고 있었다. 뾰족한 돌의 지압에 뻐근했던 등과 바람 소리에 깊게
잠들지 못해 멍해진 정신도, 한 순간 개운해졌고 한층 들뜬 기분은 한동안 가라앉지 않았다.
트레킹에 대한 갈증을 해갈하기 위해 올랐던 비봉산에서 들뜬 마음이 절정에 달했다. 활공장과
모노레일 승강장, 등산로가 함께 있는 비봉산은 충주호 일대를 한 눈에 조망할 수 있는 최상의
시야를 확보하고 있었다. 활공장 아래에는 거칠게 굽이치는 땅의 끝자락들이 화려한 춤을 추듯

멋진 굴곡을 만들었다. 좀 더 먼 곳을 바라보니 월악산 정상인 영봉의 모습도 보였다. 얼굴은 연신 싱글벙글이었다.

사람들이 잘 모르는 야영지를 찾고 화려한 청풍호의 풍경까지 만나니, 선생님이 숨겨 놓은 보물 쪽지를 찾은 듯한 짜릿함이 온몸에 흘렀다. 집으로 돌아가는 길은 멀었지만 걸음은 가벼웠다.

※ 현재 비봉산 일대는 케이블카 설치 공사가 진행 중이며 2018년 한 해 동안 전 구간 입산 통제 상태이다.
　모노레일을 이용한 방문만 가능하니 참고.

파평산 정상 부근

작전명 야간 등산로를 찾아라
파주 파평산

:: 체크 포인트

야간 산행의 경우 처음 오르는 산은 등산로 상황을 모르기 때문에 피하는 것이 좋다. 초행인 산을 가야 한다면 경험이 많은 동행자와 함께 이동하고 암반이 많거나 경사가 가파른 산은 가지 않는 것이 안전하다. 등산로가 열려 있는 산들은 대체로 길을 따라 리본이 매달려 있어 길 찾기가 쉬운 편이지만, 만일을 대비한다면 독도법(지도의 표시 내용을 해독하는 방법)을 익혀두면 유용하다. 그리고 GPS를 가지고 다니는 것도 하나의 방법이다.

:: 여행지 정보

• 산행 난이도(★★★☆☆) 등산객의 발길이 많이 닿았던 곳이 아니라 길이 거친 편이다.

• 접근성(★★☆☆☆) 대중교통을 이용한다면 서울에서 강원도 가는 것만큼이나 먼 길이 될 수 있다.

• 풍경(★★★★☆) 파평산 주변을 조망할 수 있는 정상부 풍경이 훌륭하다.

• 야영지(★★★★☆) 정상으로 가는 길목에 전망이 트인 노지가 있으며, 정상부도 야영하기 적당하다.

:: 찾아가는 길

• 대중교통 | 경의선 문산역에서 92번 버스를 탄 뒤, 늘로리 정류장에서 하차한다. 도보로 파평 체육공원까지 이동하면 산행 안내판 및 들머리가 보인다.

• 자가 차량 | 내비게이션에서 '파평체육공원'을 검색하면 된다. 체육공원에서 길을 따라 300m 가량 올라가면 들머리가 보인다.

우리 제대로 가고 있는 거야?

산행을 시작하니 이미 어두운 밤이었다. 걱정이 되지는 않았다. 함께 하는 일행이 있었고, 산도 500m로 높지 않았다. 야간산행이 낯선 것도 아니었다. 변수가 있다면 처음 오르는 산이라는 것. 그 이름은 파평산. 파주시 북쪽에 위치한 산으로 한동안 군사지역이었다가 민간인 산행이 가능해진지 오래되지 않은 곳이었다.

"형, 이쪽인거 같아요"
"여기가 맞나?"

등산로가 제대로 보이지 않았다. 흔히 보이는 리본도 찾기 힘들었다. 그냥 위로, 위로 계속 올라갈 뿐이었다. 그렇게 무작정 올라가던 순간, 무언가 잘못되고 있음을 직감했다. 길이 아닌 곳으로 오르고 있다는 느낌이 들었다. 주위엔 온통 낙엽뿐이고 길이 보이지 않았다. 진로를 방해하는 잡목들이 계속 나타났지만 무시하고 올라갔다. 다시 돌아가기도 힘들고 위로 올라가다 보면 등산로 다시 나타날 거라는 근거 없는 믿음 때문이었다.
다리는 무겁고 숨은 가빠왔다. 온몸에서 열기가 피어올랐다. 5,000m 산도 아니고, 500m가 채 안 되는 산을 오르는데 이렇게 힘겨워 하다니. 쓸데없이 자존심이 상해 등산로도 제대로 없는 산이라며 힘겨움을 산의 탓으로 돌렸다. 얼마나 걸었을까. 거친 숨과 함께 등산로로 합류했고 안내판을 만날 수 있었다. 하지만 끝이 아니었다.
귀신에 홀린 것처럼 끊임없이 올라가고 있는데 정상은 보이지 않았다. 마른 계곡 옆을 따라 올라갔더니, 엉뚱하게 들판이 나와 우리를 어리둥절하게 만들었다. 그리고 다시 이어지는 숲. '무슨 450미터짜리 산이 등산로가 이렇게 길어? 우리는 대체 어느 길로 올라가고 있는 거지?' 미치고 환장할 노릇이었다.

숨은 야영지 찾기

묵묵히 걸어 야영지 인근까지 오기는 했는데 검색한 블로그 후기에서
봐두었던 야영지를 찾을 수 없었다. 정상에 올라가도 넓은 임도를 따라
내려가도 원했던 장소는 나오지 않았다. 아홉시를 넘긴 시간이라 적당
히 타협할 만도 했지만, 이날은 포기할 생각도 없었고 오기까지 충만했
다. 반드시 야영지를 찾고야 말겠다며 불태우지 않아도 될 승부욕을 불
사르고 흡사 프로파일러라도 된 것 마냥 블로그의 사진을 분석했다.

  "여기 정자가 나오기 전에 야영지를 지나쳐 온 거잖아? 야영지 지나
    서 아까 걸었던 임도를 걸었다? 그렇다면!"

산속에서 홀로 기다리고 있는 형의 의지와는 상관없이 나 혼자 탐정이
되어 야영지 위치를 추적했다.

  "형, 여기예요!"

30분을 넘게 헤맨 끝에 겨우 야영지를 찾아낼 수 있었다. '내가 해냈어!'
야영지 하나에 이렇게 좋아하는 꼴이라니 역시 초보다웠다. 날은 선선하
고 바람은 불지 않았다. 밖에서 놀기 딱 좋은 날씨였다. 서둘러 텐트를 치
고 맥주를 들이켰다. 생각지도 원하지도 않았던 야간산행을 하며 불혹이
현실임을 뼛속 깊이 깨달은 형은 속이 후련해지는 풍경 앞에 1시간 전의
고생은 잊은 듯했다.

  "그래도 올라오길 잘 했네"
  "딱 좋죠? 진짜 좋네!"

땀이 식어가는 속도만큼이나 고생한 기억도 빨리 사라졌다. 시원한 맥주의 따가움이 지금의 즐거움을 대변하며 두 남자를 들뜨게 했다. 술잔을 기울일 때마다 늘 나누던 일 이야기, 먹고 살아가는 이야기, 신변잡기에 가까운 잡담 등을 적막한 밤 속으로 흘려보냈다. 진중하지는 않았지만 결코 가볍지 않은, 적당한 고민과 흥이 잘 말아진 소맥처럼 뒤섞여, 순식간에 두 남자를 취하게 만들었다. 그리고 하늘을 향해 고개를 들었다. 쏟아지는 듯한 별들이 머리 위를 뒤덮었다. 취할수밖에 없는 밤이었다.

파평산 정상 부근. 한때 참호로 쓰였던 곳이다.

03
나홀로
백패킹을
즐겨볼까

여주 강천섬

시작은 만만하게 하는 거야
여주 강천섬

:: 체크포인트

일부 몰지각한 캠퍼와 백패커들이 버리고간 쓰레기 때문에 강천섬이 몸살을 앓는 모양이다. 이곳은 야영이 가능하지만 정식 야영장은 아니니 특별히 더 주의해야 한다. 발생시킨 쓰레기는 되가져가고, 주변을 깨끗하게 사용하는 것은 기본적으로 지켜야 할 일이다.

:: 여행지 정보

- **난이도(★☆☆☆☆)** 가벼운 산책 수준의 길들이 이어져 있어 천천히 걷기에 좋다. 섬 안으로는 차량 진입이 안되기 때문에 캠핑 장비는 직접 들고 가야 한다.
- **접근성(★★☆☆☆)** 여주터미널에서 가는 버스편이 있기는 하나 하루에 몇 편 운행하지 않는다. 승용차로 이동하는 것을 추천한다.
- **풍경(★★★★☆)** 화려한 풍경은 없지만 넓은 잔디밭과 섬 앞을 흐르는 남한강의 모습이 매력적이다. 가을이면 노랗게 물든 은행나무가 사람들을 불러 모은다.
- **야영지(☆☆☆☆☆)** 현재 강천섬은 환경 훼손 문제로 인해 야영 및 취사가 금지되어 있다. 당일 피크닉은 가능하다.

:: 찾아가는 길

- **대중교통** | 여주종합터미널에서 991, 992번 버스를 이용한다. 991번은 강천 보건치료소, 992번은 굴암리 정류장에서 하차하면 된다. 강천섬까지 도보로 10~15분 정도 소요된다.
- **자가 차량** | 내비게이션으로 '굴암리 마을회관' 또는 '한강 6경 – 강천섬'을 검색하면 된다. 인근에 주차장이 있다.

게을러도 괜찮아

혼자 떠나려니 몸이 무거웠다. 배낭도 다 싸놨는데 30년 넘도록 진득하게 붙어있던 게으름이 날 밖으로 내보내지 않았다. 오랜만에 자연 속을 걸어보려 했지만 '귀찮음'과의 결전에서 대패한 탓에 시간은 오후 3시를 넘기고 있었다. 해지기 전에 텐트라도 치면 다행이었다. 트레킹은 포기하더라도 야영이라도 해야겠다는 마음에 몸을 일으켰다.

최종 목적지로 선택한 곳은 여주의 강천섬. 남한강에 인접해 있어 장마철엔 물이 불어 섬이 되었던 곳이 4대강 사업을 거치면서 육지와 완전히 분리되어 섬이 된 곳이다(다리로 육지와 이어져 있다). 강천섬은 2급 멸종 위기 야생 동식물로 지정된 단양쑥부쟁이의 서식지이자 남한강 자전거길의 경유지이며, 너른 잔디밭이 캠퍼들을 유혹하는 미니멀 캠핑과 백패킹의 명소이다. 무엇보다 힘들게 걸을 필요가 없고 자연 친화적 환경과 천천히 사색하며 즐길 수 있는 산책로가 있다.
백패킹이 익숙지 않은 이들이 입문용으로 방문하기에 딱 알맞은 곳이다.

강천섬 은행나무. 가을에 가장 예쁘다

한적한 공기 아래 '치맥'이 진리로다

서둘러 차를 몰아 강천섬으로 달렸다. 주차장에 차를 주차한 후 배낭을 메고 10분 정도 걸어 강과 가까운 잔디밭에 집을 지었다. 4월의 공기는 적당히 시원하고 따뜻했다. 사색하기 좋았지만 사람을 심심하게 만들었다. 맥주 한 캔 없이 집에서 먹다 남은 밥만 싸왔더니 입마저 심심했다. 안되겠다 싶어 긴급 구조 요청을 보냈다. 근처에 사는 아는 동생에게 맥주를 부탁했고, 녀석은 나의 불쌍한 처지를 가엾이 여겨 요청을 들어줬다. 날이 완전히 어두워지자 일을 마친 동생이 찾아왔다. 그는 감성 캠핑의 대표 아이콘인 브롬톤에 '치맥'을 매달고 오는 프로페셔널한 구원자였다. 향긋한 냄새만큼이나 프라이드치킨은 따끈하고 바삭했으며 맥주는 톡 쐈다. 둘의 궁합은 견우와 직녀가 오작교 위에서 만나는 애달픈 마음처럼 환상적이었다. 생각보다 날이 추워 코를 훌쩍이고 있었지만, 텐트 안으로 들어가고 싶지는 않았다. 쌀쌀하지만 차분한 공기가 무척이나 마음에 드는 밤이었다.

상쾌한 아침이란 이런 것

수다를 떨던 동생은 밤에 돌아갔고, 나 홀로 텐트 안에서 밤을 보냈다. 뿌옇긴 했지만 걷고 싶은 아침 공기라 잠을 깨기 위해 산책로에 발을 들였다. 천천히 걸으며 틈만 나면 셔터를 누르고 가끔 심호흡도 한 번 했다. 의자에 앉아 잠시 쉬다가 강천섬을 천천히 둘러보았다. 조용한 아침에 만나는 강천섬은 매력덩어리 그 자체였다. 봄꽃은 모두 지고, 나뭇가지의 이파리들은 아직 여물지 않은 모습이지만 그마저도 예뻐 보였다.

흐린 하늘과는 다르게 강천섬의 공기는 깨끗했다. 어제는 떠나오기 귀찮았는데 오늘은 떠나가기 귀찮았다. 게으름이 아닌 아쉬움에서 오는 귀찮음이었다. '떠나면 후회는 없다'라는 그간의 경험이 다시 한 번 증명된 셈이다. 억지로 차에 올라 강천섬과 멀어지기 시작하자 차창 위로 빗방울이 떨어졌다. 점점 굵어지는 빗줄기가 떠남의 아쉬움을 조금이나마 쓸어갔다. 다음에 또 오겠다는 여운을 남기며 그렇게 빗길을 달려 집으로 향했다.

선운산 야영장

1인 백패킹 최대의 적, 상상력

고창 선운산

:: 체크포인트

1인 백패킹의 두려움은 한 번씩 거쳐 가는 통과 의례다. 만약 혼자 가기 주저한다면, 평일보다는 주말에, 한적한 곳보다는 사람들이 많이 찾는 야영지를 가는 것이 좋다. 산이 아닌 야영장에서 먼저 단련을 해보는 것도 괜찮은 방법이다.

:: 여행지 정보

- **난이도(★★☆☆☆)** 선운산 자체의 난이도가 높지 않고 야영장비를 메고 산을 오를 필요가 없어 체력적으로 부담스럽지 않다.
- **접근성(★★★☆☆)** 고창 버스터미널에서 선운사행 버스가 수시로 운행 중이다.
- **풍경(★★★★☆)** 야영장 풍경은 평범하지만 선운산, 특히 천마봉에서 바라보는 풍경이 수려하다.
- **야영지(★★★☆☆)** 선운산은 도립공원이기 때문에 지정된 야영장 외에는 야영이 금지되어 있다. 선운산 도립공원 내에 유료 야영장과 유료 주차장이 운영되고 있다.

:: 찾아가는 길

- **대중교통** | 고창터미널에서 선운사행 농어촌 버스를 타고 선운사 정류장에서 하차한다. 정류장에서 야영장까지는 도보로 5분 가량 소요된다.
- **자가 차량** | 내비게이션으로 선운산 야영장 또는 선운산 야영장 입구를 검색하면 야영장 주차장 앞에 도착할 수 있다.

설마... 아닐 거야. 그렇지만...

나홀로 여행은 이제 익숙하기도 하고, 백패킹도 주로 혼자 다니다보니 웬만한 산속에서는 신경 쓰지 않고 혼자서 잘 잔다. 다른 사람들은 어떻게 그러냐고 하는데, 나에겐 대수롭지 않은 일이다. 하지만 나 역시 공포의 밤을 보낸 적이 몇 번 있다. 가을 단풍과 꽃무릇으로 유명한 선운산(336m)에서 보낸 밤이 공포에 휩싸여 벌벌 떨었던, 대표적인 날 중 하나다.

2014년 4월경, 군산 시내 여행을 하다가 뒤늦게 어둠이 내린 선운산 야영장에 발을 들였다. 간단하게 홀로 야영을 한 후 다음날 선운산에 오를 생각이었다. 드문드문 서 있는 가로등이 텅빈 야영장을 어슴푸레 밝히고 있었다. 야영장은 계단식으로 이루어져 있었다. 몇 군데 설치되어 있는 나무 데크를 제외하고는 흙바닥이었다. 침침한 형광등을 밝히며 아직 업무 중임을 알리고 있는 화장실과 조용히 잠든 취사장이 멀지 않은 곳에 있었다. '사용료도 무료인데 이 정도면 훌륭하다. 좋아!'

가장 마음에 드는 곳을 고르기 위해 주변을 살폈다. 평일이라 그런지 나 말고는 아무도 없었다. 어딜 사용하던 내 마음이었다. '어디가 좋을까. 잠깐만. 지금 뭔가 본 것 같은데. 뭐지. 텐트 같은데.' 가까이 가서 녀석의 정체를 파악했다. 팽팽하게 각이 잡혀 있는 4인용 이상의 텐트였다. 딱히 이상해 보이진 않았지만, 머릿속은 이미 엉뚱한 상상을 하고 있었다.

야영장에 오기 전 보았던 신문 기사가 떠올랐다. 2014년 초 두 명의 캠퍼가 선운산 야영장에서 일산화탄소 중독으로 사망했다는 안타까운 내용이었다. 지금은 그로부터 두 달 뒤. 내 눈 앞의 빈 텐트 하나. 설마. 아니다. 그럴 리 없었다. 하지만 어둠은 사람의 생각을 비겁하게, 비이성적으로 만들었다. 대책 없는 제어 불능의 상상력은 머리 밖을 빠져 나와 야영장을 활보하며 멋대로 그림을 그려댔다. 오만가지 생각이 머릿속을 채웠고 목구멍 깊숙히 겁을 동반한 침을 삼켰다. 시내로 나가는 버스

는 이미 끊겼고 이곳에서 자야만 한다. 다른 방법은 없었다.

문제의 텐트에서 최대한 멀리 떨어진 곳에 집을 짓고 막막한 적막감을 없애기 위해 야구 중계를 틀었다. 적요한 공기가 깨지자 한결 마음이 편했다. 하지만 야구 중계가 끝나고 야영장의 조명이 모두 어둠 속으로 사라지자, 난 다시 있는 대로 겁을 먹었다. 산에서 불어오는 차가운 바람이 정수리를 찌르며 등골을 더 서늘케 했다. 내가 더 이상할 수 있는 것은 아무 것도 없었다. 침낭 속에 몸을 묻고 이 밤이 빨리 지나가길 바랄 뿐이었다.

문제의 텐트 / 선운산 야영장

평화로운 아침이 찾아들다

아침에 눈을 뜨자마자 망할 텐트를 살폈다. 밝은 곳에서 바라보니 한없이 평범한 빈 텐트였지만 의심이 완전히 사라지진 않았다. 차분한 마음을 되찾기 위해 선운산 천마봉으로 향했다. 선운산엔 총 4개의 산행 코스가 있는데, 천마봉 코스가 가장 짧아서 선택했다. 만만한 게 좋았다. 봄을 맞이하며 아직 겨울을 기억하고 있는 선운산의 숲이 한 눈에 들어왔다. 낮지만 묵직한 바위들이 벽을 만들고, 파릇한 옷을 입은 나무들이 숲을 만들고 있는 선운산의 모습에 절로 감탄이 쏟아져 나왔다. 잔뜩 흐린 날씨 속에서 군데군데 맨살을 드러낸 상태인데도 이런 감동을 주다니. 가을에 다시 와야겠다는 생각이 들었다.

천천히 걸음을 옮기며 야영장으로 돌아왔다. 문제의 텐트는 여전히 자리를 지키고 있었다. 선운산의 맑은 기운으로 머릿속을 세척하고 났더니 이성적인 판단이 가능해졌다. 선운산 야영장은 무료 선착순제인데, 나를 겁먹게 했던 텐트는 주말을 앞두고 자리를 미리 맡아 놓은 것 같았다. 그렇다. 난 평범한 텐트 한 동을 공포의 집으로 만들어 혼자 호들갑을 떨었던 것이다. 그 놈의 상

천마봉에서 바라본 풍경

상력 때문에. 그것만 아니었으면 30분 넘게 텐트를 못 치며 주저하지 않았을 것이고, 저녁을 먹는 내내 마음이 불편하지 않았을 것이다.

우리는 무한한 상상력을 펼칠 수 있는 사람이 창조적인 사람이라고 배운다. 맞는 말이다. 단, 예외는 있다. 백패킹, 특히 1인 백패킹을 할 때 밤에는 상상력이 둔재한 사람이 되어야 몸과 마음이 편해진다. 문득 영화 『올드보이』에 나오는 유명한 대사가 떠오른다.

"있잖아. 사람은 말이야. 상상력이 있어서 비겁해지는 거래.
그러니까 상상을 하지 말아봐. X나 용감해질 수 있어."

간월재

극한의 고독을 맛보다
영남 알프스

:: **체크포인트**

혼자 떠나는 백패킹이 처음이라면 밤을 보내는 자신만의 방법을 준비하는 것이 좋다. 책을 읽어도 좋고, 카메라로 야경을 담아도 되며, 야간 산행을 통해 밤 시간을 활용할 수도 있다. 무엇이 됐든 나만의 오락거리가 있어야 심심하지 않은 밤을 보낼 수 있다.

:: **여행지 정보**

- **난이도**(★★★★☆) 백패킹 배낭을 메고 종주산행을 한다는 것은 결코 쉬운 일이 아니다. 어느 정도 체력 단련이 된 후에 떠나는 것이 좋다.
- **접근성**(★★★☆☆) 밀양터미널에서 수시로 표충사행 버스가 운행 중이다.
- **풍경**(★★★★☆) 영남 알프스 일대 풍경은 시원함 그 자체다. 한 번 가보면 다시 찾아가게 만드는 마력이 있다. 신불산~영축산 구간이 풍경의 백미다.
- **야영지**(★★☆☆☆) 현재 간월재는 야영을 금지하고 있다. 주변 다른 산의 능선이나 정상부에 야영을 해야 한다. 종주코스 설정에 따라 가지산 도립공원, 신불산 군립공원을 지나게 되는데, 이곳에서도 야영을 삼가야 한다.

:: **찾아가는 길(표충사 기점 기준)**

- **대중교통** | 밀양 시외버스터미널에서 표충사행 농어촌 버스를 탄 뒤, 표충사 종점 정류장에서 내린다. 표충사 들머리까지는 10분 가량 도보로 이동해야 한다.
- **자가 차량** | 내비게이션으로 표충사 주차장(밀양군)을 검색하면 된다. 하지만 종주 산행은 원점 회귀를 하지 않을 확률이 높으니 대중교통을 이용하는 것이 좋다.

혼자 무슨 재미로 다녀요?

몇 년간 나홀로 여행을 즐기는 동안 늘 듣던 말이다. 그럴 때마다 "혼자 다니는 걸 좋아 해서요."라는 대답을 꺼내 들었다. 진심이었다. 나홀로 여행은 일정을 내 마음으로 계획할 수 있고, 상대의 기분이나 상태를 신경 쓸 필요가 없었다. 혼자 있어도 심심하지 않았기 때문에 백패킹을 하면서도 주로 혼자 떠났다.

백패킹을 시작하고 4번째 여정이었다. '백패킹의 성지'라 불리는 영남 알프스로 떠났다. 영남 알프스는 경남 밀양시, 청도군, 울산광역시 울주군의 1,000m 이상 산 7곳(가지산, 운문산, 천황산, 신불산, 영축산, 고헌산, 간월산)을 아울러 부르는 곳으로, 산세가 유럽의 알프스만큼 빼어나서 얻은 별칭이다. 억새가 아름다워 가을 산행으로 특히 인기가 많으며, 간월산 정상 아래에 위치한 간월재는 백패커들에게 가장 사랑받는 장소로 손꼽힌다(불미스러운 몇 건의 사건으로 인해 현재 간월재 야영은 금지되어 있다. 인근의 다른 봉우리 주변을 야영지로 삼아야 한다).

난 밀양 표충사를 들머리로 해서 천황산 - 얼음골 - 능동산 - 배내봉 - 간월재 - 신불산 - 영축산 - 통도사로 이어지는 20km가 넘는 산행을 계획했다. 오대산에서 그렇게 혼이 나고도 정신을 차리지 못한 것이다. 이때 난 중요한 준비물 몇 가지를 빼놓고 산행에 나섰다. '카메라', '핸드폰 보조 배터리', '헤드랜턴' 없어서 안 되는 물건은 아니었지만, 없으면 곤란할법한 물건들이었다.

간월재 가는 길

외로움의 중심에서 심심함을 외치다

역시나 산행은 정신이 나갈 정도로 힘들었다. 하지만 정상의 공기는 오아시스 같았다. 속이 뻥 뚫리는 천황산 평원은 피로회복제였고, 억새의 힘찬 움직임이 살아있는 사자평의 넓은 기운과 여름에도 얼음이 언다는 얼음골 일대의 시원한 전망은 비타민이 되어 발걸음에 힘을 실어 주었다. 하지만 문제가 있었다. 산행 속도가 너무 느렸고, 체력이 받쳐주지 않았다.

영축산 정상

금세 해가 저물었다. 어둠이 내리는 속도가 내 걸음보다도 빨랐다. 헤드랜턴이 없었기에 무리하지 말자는 판단이 섰다. 능동산 정상에서 멀지 않은 곳에 있는 전망대에 텐트를 쳤다. 간단히 저녁까지 먹어 치운 후 시계를 봤다. '응? 아직 8시도 안됐단 말이야? 그럼 난 이제 무얼 해야 하지?' 핸드폰은 저녁을 먹는 중 전원이 다 되어 꺼져버렸고, 카메라를 가져오지 않아 야경사진도 찍지 못했다. 엎친데 덮친격으로 맥주도 챙겨오지 않았고 가끔씩 들고 다니던 책마저도 없었다. 내가 할 수 있는 것은 아무 것도 없었다.

가만히 앉아 맞은편을 바라보자니 동공의 초점이 풀렸다. '나는 무얼 하고 있는가? 산 속의 밤을 어찌 보낼 것인가. 내일은 휴대폰을 소생시킬 수 있을 것인가? 맥주는 왜 사오지 않았을까?' 무념과 잡념의 경계를 마구 오간 끝에 한 가지 결론에 도달했다. '심. 심. 하. 다.' 그간 혼자 여행을 다니면서 이렇게까지 심심했던 적은 한 번도 없었다. 그런데 오늘은 왜 이렇단 말인가?

의지할 곳도, 하는 것도 없다보니 신경만 예민해졌다. 날이 선 신경이 모조리 청각으로 모아졌다. '사그락, 사그락. 뭐지? 산에서 전쟁이라도 난 걸까?', '휘이이, 휘이이. 바람소리? 날 향해 걸어오는 정체불명의 존재? 혹시 살인마?' 고독감이 주재료가 된 예민함은 초정밀 레이더가 되어 쓸모없는 탐지만 하고 있었다. 고독감이 진화하여 공포감이 되어버렸고 해방되는 길은 수면상태에 이르는 것 뿐이었다. 밤 9시에 벌어진 일이었다. 나 홀로 여행 중 가상 이른 시산에 잠든 억사석인 날로 기억된다.

3년이 지난 지금 생각해도 그때 느꼈던 고독감은 쉽게 잊혀지지 않는다. 갑자기 쏟아진 비 때문에 목표였던 영축산까지 가지 못한 아쉬움이 겹쳐 더 생각나는 것인지도 모른다. 산중일박을 홀로 한다는 것. 나의 경우엔 무서움 보다는 외로움이 더 큰 적이었다. 이때 일을 반면교사 삼아 지금은 나름의 방법을 찾아 혼자서도 잘 놀지만 영남 알프스에서의 고독감을 생각하면 지금도 아득하다. 하지만 심심함을 넘어선 후 만나는 혼자만의 여유를 지금은 잘 알고 있다. 그래서 난 여전히 혼자 떠난다.

동강

정선 연포마을

:: 체크포인트

사람들에게 많이 알려진 곳이라 해도 오지는 말 그대로 오지다. 생필품을 구하기 힘들고, 때로는 휴대폰이 터지지 않는 곳도 있다. 모든 장비와 음식을 미리 준비해 가야 차질 없는 백패킹을 즐길 수 있다. 참고로 국내에서 오지가 많기로 유명한 지역은 경북 봉화와 울진이다. 고속도로와 거리가 멀고, 국도 사정도 썩 좋지 않은 탓에, 개발의 손길이 미치지 않은 오지가 많이 남아 있다.

:: 여행지 정보

- **난이도(★★☆☆☆)** 강을 따라 걷는 길이라 평탄하고 편하다. 다만 길이가 너무 길어 도보보다는 자전거에 더 적합하다.
- **접근성(★☆☆☆☆)** 연포마을까지 가는 대중교통은 없다. 오지다운 불편한 교통편을 자랑한다.
- **풍경(★★★★★)** 거대하게 솟은 뼝대(절벽)와 굽이치는 동강의 물줄기가 끊임없이 이어진다. 연포마을에서 오를 수 있는 칠족령은 동강 풍경의 절정이다.
- **야영지(★★★★☆)** 연포분교를 리모델링하여 조성한 야영장이 운영되고 있다. 네이버에 '연포분교 야영장'을 검색하면 예약 페이지에 접속할 수 있다.

:: 찾아가는 길

- **대중교통** | 영월 예미역에서 택시를 이용하거나 정선읍에서 가수리행 농어촌 버스 탑승 후, 수동 정류장에서 하차한다. 연포마을까지는 도보로 이동(약 12km)해야 한다. 길이 멀더라도 동강 풍경을 보며 트레킹하려면 가수분교(수미 정류장 하차)부터 걷는 것을 추천한다.(연포마을까지 18km) 정선읍에서 가수리행 버스는 하루 4회 운행한다.
- **자가 차량** | 내비게이션으로 '정선연포분교캠핑장'을 검색하면 된다.

청정자연으로 가는 안내자 동강

백패커들에겐 오지에 대한 로망이 있다. 사람들의 발길이 닿지 않고 접근이 힘들며 청정한 풍경이 있는 이름만 들어도 설레는 오지. 하지만 오지를 찾는다는 것은 쉬운 일이 아니다. 인터넷에서 검색된 순간 이미 누군가는 다녀갔다는 의미이며 때가 묻었을 확률이 높기 때문이다. 그래서 '많이 알려지지 않았고, 풍경이 좋으며, 접근이 힘든' 이 세 가지 조건 중 두 가지만 부합한다면 오지로 규정하기로 타협을 보기로 했다. 내 맘대로 그렇게 정했다.

이 조건에 의해서 가장 먼저 찾은 곳은 정선 연포마을이었다. 이곳은 이미 영화와 방송에 노출된 곳이다. 때문에 접근이 불편하지만 사람들이 많이 찾는 오지 아닌 오지가 되었다. 그럼에도 내가 찾아가려는 이유는 정선과 영월, 평창을 걸쳐 흐르는 동강의 풍경을 앞에 두고 야영할 수 있는 몇 안 되는 곳이었기 때문이다. 정선 구간만 본다면 동강 내 야영장은 굴암리 캠핑장, 동강 전망 자연 휴양림, 연포분교 캠핑장이 전부였다. 동강 일대는 청정한 자연과 다양한 생태계 환경으로 보존가치가 높아, 대부분의 구간이 생태계 보존지역으로 묶여 있다. 이는 야영 및 취사가 불가하다는 말로 야영장을 찾는 수밖에 없었다.

연포마을 근처의 칠족령에서 바라본 동강

지금껏 만나본 대한민국 풍경 중 가장 아름답다고 생각하는 동강에서 야영을 할 수 있다면 장소는 중요치 않았다. 연포마을이 동강의 가장 깊은 속살을 보여주는 곳이기도 했다.

동강길 시작점과 인접해 있는 정선읍 용탄리의 용탄삼거리까지 버스로 이동하여 트레킹을 시작했다. 용탄삼거리에서 연포분교까지는 28km 가량 떨어져 있어서 무척 부지런을 떨어야 했다. 2년 만에 찾은 동강은 여전히 변화의 시간이 느리게 흐르고 있었다. 생태계 보존지역이기에 가능한 일이었다. 동강은 사행천이라 물길이 시종일관 뱀처럼 구불구불거린다. 동강을 따라 이어진 길 역시 마찬가지로, 그 길을 따라 지루할 틈 없는 트레킹을 이어갔다.

연포마을 근처의 칠족령에서 바라본 동강과 마을

오지의 낭만을 느끼다

아무리 평지를 걷는다 해도 28km를 하루에 걷기는 상당히 먼 거리다. 거기에 동강의 절경까지 나란히 이어지니 저절로 걸음은 느려지고, 동네 보호수 아래에서 낮잠도 청하게 된다. 이래서는 해지기 전에 도착할 수 없다. 그런데 운이 좋게도, 어깨에 짊어진 대형 배낭의 도움으로 히치하이킹을 두 번이나 하게 되었다. 모두 정선이 고향인 분들의 도움이었다.

안 그래도 정선을 너무 좋아하는 데 이동하는 내내 차를 태워주신 분들이 정선예찬론을 하시니 동참하지 않을 수 없었다. 수다로 정선 곳곳을 여행했다. 동강길을 달리고, 덕산기 계곡의 물빛을 보며 민둥산 억새를 감상하고 화암약수를 마신 후, 연포마을과 만났다. 계획과 달리 차를 타고 이동했지만 누군가와 대화를 나누며 달리니 또 다른 느낌의 여행을 하고 있는 듯했다.

영화 〈선생 김봉두〉의 촬영장으로 유명해진 연포마을의 연포분교는 폐교된 이후 마을 야영장으로 리모델링하여 운영하고 있다. 주말이면 많은 이들이 이곳을 찾는다. 마을 풍경은 변함이 없었다. 거대한 뼝대('절벽'이 강원도 사투리) 아래로 흐르는 동강의 몸짓 역시 여전했다. 야영장엔 나 이외에 두 팀이 더 있었지만 마을의 고요함을 깨트리지는 못했다. 넉넉하게 남은 데크 위에 텐트와 실타프를 각각 치고 본격적인 여유부리기에 돌입했다. 즉석밥과 볶음김치, 캔참치로 어설픈 저녁을 해결했을 때 멀리서 맑고 경쾌한 음색이 들려왔다. 바로 맥주 캔을 따는 소리였다. 세상에, 맥주라니 너무나 먹고 싶어졌다. 갈증이 폭발했다. 이 오지마을에서 어찌 맥주를 구해야하지?

연포분교 야영장

혹시나 하는 마음에 야영장 옆에서 작은 상회와 민박집을 운영하는 곳을 찾아갔다. 상회라고는 하지만 라면 정도만 겨우 살 수 있는 그런 곳이라 기대하지 않았다. 그런데, 그때 민박집 구석에 놓인 허름한 쇼케이스 안에 맥주병이 너무도 다소곳한 자세로 앉아 있는걸 발견했다. '네가! 있었구나!' 일말의 고민 없이 두 병의 맥주와 마른 오징어 한 마리를 사서 '홀짝홀짝', '질겅질겅' 해대기 시작했다. '어쩜 이리 시원하고 달콤할 수 있는 걸까! 의자에 앉아 밤하늘을 멍하니 바라보며 혼자 중얼거렸다.

오랜만에 만난 동강과 연포마을은 늘 그랬듯 이번에도 반가웠다. 무엇보다 변하지 않고 그대로 있어줘서 고마웠다. 안 그래도 낭만적인 오지 마을의 밤은 그 고마운 마음 덕에 한층 더 깊어졌다.

04
백패킹과
섬은 환상의
콜라보

장골해변 야영장

그녀와 백패킹을 떠나는 방법

인천 자월도

:: 체크포인트

평소 아웃도어 활동에 관심이 없는 연인과 백패킹을 한다는 것
은 꽤 어려운 일이다. 특히 화장실 문제가 가장 고민거리인데,
관광객들이 많이 찾는 섬은 해변가 화장실을 개방하는 경우가
많아 야영하기 수월해진다. 이 점이 섬에서 백패킹하기 좋은
또 하나의 이유다.

:: 여행지 정보

• **난이도(★☆☆☆☆)** 자월도 선착장에서 장골해변 야영장까
  지 1km 남짓 떨어져 있다. 길도 잘 조성되어 있어 걷기 편
  하다.

• **접근성(★★★☆☆)** 인천여객선터미널에서 갈 수 있는 섬 중
  에서 가장 가까운 곳이다. 대부도 방아머리 선착장에서도 자
  월도행 여객선 탑승이 가능하다.

• **풍경(★★★☆☆)** 서해답지 않은 물빛과 한적한 풍경이 매력
  적이다.

• **야영지(★★★★☆)** 장골 해변에 취사장. 화장실 사용이 가
  능한 소나무 숲 야영장이 있다. 그리고 야영장 주변에 슈퍼
  와 식당이 있다.

:: 찾아가는 길

• **대중교통** | 인천여객선터미널 또는 대부 방아머리 선착장에
  서 자월도행 배를 타고 1시간~1시간 30분가량 이동하면 자
  월도 선착장에 도착한다. 차량 도선도 가능하다.

• 여객선 예매 사이트 〈가보고 싶은 섬〉
  http://island.haewoon.co.kr/

여자친구와 나는 여행 취향이 정반대다. 나에게 여행은 고생을 통해 추억을 만드는 존재라면, 여자친구는 휴식을 통해 재충전하는 존재이다. 나에게 산은 올라야 하는 대상이고 여자친구에게 산은 멀리서 감상해야 하는 대상이다. 취향이 이렇다 보니 백패킹은 고사하고 등산을 같이 갔던 경우도 1번 밖에 없었다. 그런 여자친구에게 조심스레 백패킹을 제안하고 있었다.

자월도 장골해변

그녀의 취향을 고려하자

"언제? 어디로 갈 건데?"

"많이 걷지 않는 곳으로 가야지"

"난 아무 장비도 없는데"

"내 장비로 충분하니까 네 옷가지 정도만 챙기면 돼"

"음…. 그럼 같이 가볼까?"

생각보다 쉽게 허락을 얻어냈다. 이제 무리하지 않고 떠날 수 있는 곳으로 장소를 정하면 된다. 선택한 곳은 인천의 자월도였다. 배를 타는 시간이 짧고, 야영장까지 20분만 걸어가면 되는 섬이라 쉽게 백패킹 기분을 낼 수 있었다. 산보다 바다를 좋아하는 그녀의 취향을 반영한 것도 선택의 이유였다.

먹거리는 간단하게 준비하자

나 혼자라면 평소처럼 대충 먹겠지만, 여자친구와 떠나는 상황에서 그럴 수는 없었다. 그렇다고 음식을 바리바리 챙기기는 부담스러웠다. 한 끼 정도만 해 먹기로 히고 레토르트 형테로 니온 된장찌개와 소삼불고기를 저녁 메뉴로 준비했다. 다음날 아침은 가장 만만한 라면으로 해결하고 나머지 식사는 자월도 내 식당을 이용하기로 했다.

배낭이 가벼워야 여행이 즐겁다

이제 짐 싸는 일만 남았다. 배낭은 85리터까지 확장이 되는 도이터사의 75리터짜리 배낭을 메고 가기로 결정했다. 여자친구가 사용할 장비까지 추가하다 보니 짐은 두 배가 되었다.

3인용 경량 텐트, 3~4인용 실타프와 폴대, 등산 스틱, 3계절 구스다운 침낭과 화학섬유 침낭, 동계용 롤 매트와 접이식 매트, 의자 2개, 미니 테이블 3개, 소형 가스랜턴, 코펠과 버너, 부탄가스, 카메라 삼각대, 집에서 챙겨가는 음식들, 그리고 기타 자질구레한 짐들

패킹 후 배낭 무게를 확인하니 26kg이 넘었다. 혼자 떠날 때 메고 다니는 무게가 16~18kg 정도였으니, 10kg 가까이 더 짊어져야 하는 상황이었다. 배낭을 들어 어깨에 올렸다. 평소와 다른 무게에 순간 몸이 휘청거렸고 몸이 힘겨워함을 느꼈다. 가볍게 한다고 했는데 이 정도라니 트레킹 거리가 짧은 것이 천만다행이었다.

26kg을 자랑하던 배낭.

오래 걷지 말자

인천여객선터미널에서 출발한지 1시간 만에 자월도 달바위 선착장에 도착했다. 혼잡한 도시에서만 생활하다가 인구 1,000명도 안 되는 시골로 와서인지 육지에서 만나는 서해의 물빛보다 조금 더 깨끗하게 느껴졌다.

여자친구와 난 야영지로 선택한 장골해변까지 천천히 걸어갔다. 자월도에서 가장 큰 해변이었다. 바다 바로 옆의 해안도로를 따라 20분 정도만 걸으면 되니 부담이 없었다. 가을이라고 부르기 좋은 포근하고 맑은 날씨가 자월도 위를 덮고 있었다. 몸 상태가 좋지 않았지만 간만에 바다를 만나서인지 여자친구의 기분도 좋아보였다.

아무 생각 없이 즐기자

해변 야영장에는 5~6팀 정도가 캠핑을 즐기고 있었다. 연휴기간이라 북적이면 어쩌나 걱정했었는데 다행히 섬의 한산한 기운을 깰 정도는 아니었다. 사람들과 적당히 떨어진 그늘에 텐트와 실타프를 치고 마지막으로 의자를 편 후 본격적인 휴식에 돌입했다.

"아, 조용하고 좋다."
"괜찮아? 아직 할 만해?"
"난 한 것도 없는데 뭐. 좋아."
"불편한 거 생기면 얘기해."
"응, 알았어."

물 빠진 해변이 넓은 갯벌을 드러냈고 하늘은 딱 보기 좋게 푸르렀다. 바닷바람은 쉴 새 없이 온 몸을 감싸 안았고 의자에 앉아 멍하니 눈을 감았다. 몸이 절로 나른해졌다. 행복이 별건가 이런 게 행복이지.
어느새 해가 저물었고 텐트에서 숙면 중이던 여자친구를 깨웠다. 준비해 온 오삼불고기를 데우고 된장찌개를 끓였다. 메뉴가 너무 소박해 미안한 기분이 들었다. 내가 봐도 딱히 먹을 것이 없었다. 그럼에도 여자친구는 맛있게 먹어주었다.

해를 잃은 바다는 우울해졌는지 쌀쌀한 바람을 보내왔다. 밤바다의 운치를 즐기는 것도 좋았지만 여자친구는 따뜻함을 선택했다. 식사자리를 정리하고 텐트 안으로 들어갔다. 감기 기운이 있던 여자친구와 여행 전날 새벽까지 잠을 못잔 나는 일찍 잠자리에 들었다. 야경 사진을 찍는 것도 과감히 포기했다. 심심한 듯한 전개였지만 그녀와 떠나는 첫 백패킹을 무사히 마무리하는 것만으로도 충분히 만족스러웠다.

장골해변 야영장

작은 풀안 해변

초보가 왕초보와 떠나다
인천 대이작도

:: **체크포인트**

백패킹을 해보고 싶어 하는 친구, 또는 지인과 함께 할 때는 유경험자가 생각하는 상식보다 더 자세히 안내해야 한다. 유경험자의 상식과 무경험자의 상식은 다르기 때문이다. 이 간격을 좁힌 상태에서 함께 백패킹을 해야 혹여나 생길 수 있는 마찰을 줄일 수 있다.

:: **여행지 정보**

• **난이도(★☆☆☆☆)** 대이작도 선착장에서 작은 풀안 해수욕장까지 아스팔트로 된 평탄한 길이 이어져 있으며, 2km 정도의 거리로 가깝다.

• **접근성(★★★☆☆)** 인천여객선터미널과 대부도 방아머리 선착장에서 대이작도행 배가 운항중이다.

• **풍경(★★★☆☆)** 작은 풀안 해수욕장 모래언덕에서 보는, 썰물이 되면 나타나는 모래섬 풀등, 부아산 정상에서 바라보는 덕적군도 일대 풍경이 인상적이다.

• **야영지(★★★★☆)** 작은 풀안 해수욕장 안에 나무 그늘 야영지, 취사장, 화장실, 샤워장 등이 갖춰져 있으며, 야영장 옆에 시단도 있다.

:: **찾아가는 길**

• **대중교통** | 인천여객선터미널 또는 대부 방아머리 선착장에서 대이작도행 배를 타고 1시간 30분가량 이동하면 대이작도 선착장에 도착한다. 차량 도선도 가능하다.

• **여객선 예매 사이트 〈가보고 싶은 섬〉**
http://island.haewoon.co.kr

시작부터 삐걱대다

"형, 나 발가락 부어서 지금 산은 힘들어. 평지로 가자."
"선배, 화장실은 없다는 거죠. 그럼 어쩌지."

쉬운 일이 아니었다. 나도 백패킹 초보인데 나보다 더 초보인 이들과 함께 해야 한다는 사실이. 오토캠핑을 주로 즐기고 가끔씩 백패킹을 하는 후배 창희, 처음으로 백패킹에 도전하는 후배 혜진이와 동행하려니 맞춰야 할 게 많았다. 일단 산으로 갈 수는 없었다. 그리고 처음 백패킹을 하는 혜진이에게 화장실을 배려해야 했다. 행선지는 자연스럽게 섬으로 결정됐고, 덕적군도 섬 중 하나인 옹진군의 대이작도에 가기로 했다. 선착장에서 가볍게 1시간 정도 걸으면 화장실이 있는 해수욕장에 도착할 수 있을 듯했다.

"야, 너 옷이 이게 뭐야?"
"편하게 입고 오라면서요."
"등산하는 기준에서 편한 옷을 말했던 거지."

혜진이는 민소매 티와 핫팬츠를 입고 나타났다. 심지어 모자도 쓰고 오지 않았다. 9월의 햇살은 여전히 여름처럼 뜨거웠다. 그런데 저런 복장을 하고 나타나다니. '살을 죄다 태울 생각인가?' 내가 같이 가는 사람들의 분석을 제대로 하지 못한 탓이라고 생각했다.

30리터 배낭과 85리터 배낭의 크기 차이

"허리가 너무 아픈데. 이상해요. 이거."

"배낭이 너한테 너무 무거워서 그런가?"

"그 정도로 무겁진 않은데. 배낭이 이상한 거 같아요."

문제는 배낭에서도 발생했나. 혜진이에게 빌려준 배낭의 허리끈이 너무 커 허리를 제대로 받쳐 주지 못했다. 온전히 어깨로만 배낭을 메야 했기 때문이다. 시작부터 문제가 발생하니 모두 걱정 하는 눈치였다. 기본적인 내용을 너무 건너뛰고 백패킹의 세계로 초대한 걸까. 허리끈과 어깨끈 을 줄이는 내내 복잡해진 생각이 머릿속을 맴돌았다. 끈을 줄이는 것으로는 안 될 것 같아 배낭 무게를 줄이기로 했다. 가장 무거웠던 2리터 생수를 빼고 다시 배낭을 메게 했다.

"아까보다 편한데? 이 정도면 걸을 수 있어요."

몸이 편해져서 그런지 혜진이의 표정이 한결 밝아졌다. 잘 닦인 아스팔트 도로 위를 걷고 있어서 창희도 발의 불편함을 말하지 않았다 이제야 즐거운 백패킹을 즐길 수 있었다,

바람에 맞서 펙을 고정시켜라

야영지로 선택한 작은 풀안 해수욕장은 생각보다 신착장에서 더 가까웠다. 이름처럼 작은 모래해변이 눈앞에 펼쳐졌다. 채에 한 번씩 거른 모래들만 뿌려 놓은 건지, 곱고 고운 모래들이 기분 좋게 밟혔다. 바다를 바라보며 쉴 수 있는 모래언덕이 빨리 와서 텐트를 치라고 손짓했다. 혜진이는 바다를 보자 40분 전의 불편함은 잊었는지 발랄한 기분을 한껏 뽑아냈다. 나와 창희 역시 이 정도면 훌륭한 야영지라고 고개를 끄덕였다. 이젠 텐트를 칠 시간. 작은 풀안 해수욕장에는 야영장이 있지만 나무들로 인해 시야를 가렸다. 창희는 아까 봐둔 모래언덕에 자리를 잡자고 했다.

"모래 위에는 타프 못 쳐?"
"될 거 같은데? 한 번 해볼까. 전망이 좋잖아."

일반 알루미늄 펙이 박히지 않는다는 건 굳이 해보지 않아도 알 수 있었지만, 해결책이 없는 것은 아니기 때문에 사방이 탁 트인 모래 언덕에 집을 짓기로 했다. 타프는 바람에 민감하다보니 펙을 더 단단히 고정시켜야 했다. 묵직한 돌들을 모아 펙을 하나씩 박고 있는데 기다렸다는 듯이 바람이 불어와 실타프를 잡고 흔들었다. 고정했던 펙들이 속절없이 빠지고 말았다.
변덕스런 바람 탓에 실패가 반복됐다. "안되겠다. 좀 더 기다리자." 나와 창희는 적벽에서 동남풍을 기다리는 심정으로 바다만 바라봤다. 순간 바람이 잦아들었음을 직감했다. "지금이다!" 두 남자는 유비, 손권 연합 못지않은 협공으로 실타프를 모래언덕에 설치 한 후, 펙을 단단히 고정하기 위해 큼직한 돌을 펙마다 괴었다. 타프는 어지간한 바람에도 꿈쩍하지 않을 정도로 단단히 뿌리내렸다. 성공이었다.

작은 풀안 해변

함께 하는 밤은 즐겁다

모든 작업을 마치고 나니 날이 어두워졌다. 하늘을 점령한 먹구름이 틈을 비집고 나타난 옅은 일몰이 심심한 하늘에 붉은 흔적을 남겼다. 아쉬운 마음에 간단히 사진을 남기고 본격적인 저녁 식사에 돌입했다. 혜진이가 준비해온 닭볶음탕과 부대찌개를 시작으로, 가지고 온 모든 음식을 먹어 치웠다. 빠질 수 없는 술도 빠른 속도로 비워졌고 세 사람의 기분은 고조되었다.

"아, 진짜 좋다. 이서 왜 하는지 이세일 서 깉네. 뻴리 배낭을 사야겠어."
"장소 선택을 잘한 거지. 니들 요구를 최대한 반영하느라 애먹었어."

다음 날이 되면 기억나지도 않을 잡담을 늘어놓으며 세 사람은 쉴 새 없이 떠들었다. 어두컴컴한 바다와 하늘이 우리의 대화를 집어 삼키는듯 소리는 허공 속으로 사라져 갔다. 아무리 떠들어도 마냥 고요했고 스마트폰의 흥얼대는 음악 소리는 파도와 함께 어우러져 깊은 밤 속에서 춤을 추었다. 말하지 않아도 심심하지 않은 적요함이 오히려 흥을 돋우는 밤이었다. 잔뜩 엉킨 고민의 실타래도 깨끗이 녹여줄 만한 시간이었다. 세 사람의 수다는 그렇게 새벽까지 이어졌다

굴업도 개머리 언덕 가는 길

백패킹의 성지를 가다

인천 굴업도

:: **체크포인트**

굴업도는 인기 여행지라 주말 배편이 일찍 매진된다. 여행일 기준으로 3주 전에는 예매를 해야 표가 없어 발을 구르는 상황을 피할 수 있다. 또한 주말의 개머리 언덕에는 많은 백패커들이 찾아오니, 한적한 곳을 원한다면 연평산, 덕물산 쪽에 야영지를 구축하면 된다.

:: **여행지 정보**

- **난이도(★★☆☆☆)** 개머리 언덕, 연평산, 덕물산 모두 어렵지 않게 접근이 가능하다. 연평산 등산로에는 로프를 이용해서 올라가야 하는 절벽이 있어 이 구간은 다소 조심해야 한다.
- **접근성(★☆☆☆☆)** 배를 두 번 타고 가야하는 불편함을 감수해야 한다.
- **풍경(★★★★☆)** 개머리 언덕까지 가는 탐방로에 펼쳐진 수크령이 장관을 이룬다. 개머리 언덕으로 내려가는 길에서 보는 풍경도 아름답다.
- **야영지(★★★★☆)** 평평한 노지인 개머리 언덕이 야영지로 유명하지만 언덕 일대에 경치 좋은 장소들이 많다. 연평산과 덕물산도 꼭 가보길 추천한다.

:: **찾아가는 길**

- **대중교통** | 인천여객선터미널에서 덕적도행 여객선에 승선한 뒤, 덕적도에서 내려 굴업도행 여객선으로 환승해야 한다. 굴업도행 여객선은 성수기 주말을 제외하고는 하루 1편밖에 운항하지 않아 운항 시간에 유의해야 한다. 굴업도 해변을 바라본 상태에서 오른쪽 방향으로 걷다보면 언덕 위에 있는 철망이 보인다. 철망 너머 길을 따라가면 개머리 언덕에 닿을 수 있다.

4년간 기다린 한국의 갈라파고스

백패킹의 성지로 유명하지만, 나에게 굴업도는 보존과 개발이라는 두 이해관계가 충돌하는 곳으로 더 기억된다. 골프장을 건설하겠다며 굴업도의 토지 대부분을 사들인 대기업과 다양한 생태계와 특이한 지질구조를 가진 굴업도를 보존해야 한다며 개발반대운동을 펼치는 마을주민과 환경단체의 대립을 먼저 접한 탓이다. 때문에 나에게 굴업도는 '백패킹의 성지' 보다는 '한국의 갈라파고스'라는 별칭이 더 깊게 박혀있었다. 아무튼 '배를 타고 3시간이나 가야하는 섬 위에 왜 골프장을 지어야 하는지?'라는 생각을 하며 빨리 가봐야지 했는데 4년 동안 못가다가 이제야 찾아가게 된 것이다. 혼자 떠나기 적적한 마음이 들어 파평산 백패킹을 함께 했던 병근이 형과 떠나기로 했다.

바람을 타고 춤추는 그대는 누구인가요?

인천여객선터미널에서 배를 타고 1차 도착지인 덕적도에 내려 굴업도행 배로 갈아탄 뒤 다시 1시간 정도를 달려 굴업도에 도착했다. 선착장은 여느 섬과 다를 게 없었다. 오히려 더 초라하다는 느낌이 들 정도로 작았다. 굴업도의 첫인상은 그만큼 덤덤했다.

굴업도 해변 앞에 있는 민박집에서 꿀맛 같은 점심 식사를 한 후, 배낭을 메고 해변 끝에 위치한 언덕에 올랐다. 개머리 언덕으로 가기 위한 길이었다. 언덕은 짧지만 가파른 오르막으로 인해 거친 숨을 뱉어내야만 했다. 헉헉거림이 최고조에 이를 무렵, 강아지풀과 친인척 관계인 수크령이 넓게 펼쳐진 평원이 나타났다. 입이 쩍 벌어졌다. 바닷바람과 손잡은 수크령은 부드러운 리듬을 타며 몸을 흔들었고 환상적인 풍경을 만들어냈다. 작은 길을 따라 수크령 속으로 빠져들었고 걸음을 이어갈 수 없었다. 쉼 없이 몸을 흔들며 다리를 간지럽히는 수크령의 애절한 몸짓에 발길을 멈췄다. 연신 카메라의 셔터를 눌렀다. 그럴 수밖에 없는 풍경이었다.

거칠게 바다로 뻗어 내린 해안 절벽이 뒤이어 등장해 다시 걸음을 붙잡았다. 부드러운 수크령과 달리 거대하고 힘이 넘치는 기세였다. 이 섬엔 트레킹을 방해하는 요소들이 너무 많았다. 우리의 발걸음은 무한정 느려지고 말았다.

수크령

개머리 언덕

이곳은 7성급 야영지

수크령의 움직임이 잦아들고 개머리 언덕으로 보이는 존재가 눈앞에 나타났다. 제법 긴 내리막을 따라 내려가자 언덕은 점점 커지고 바다는 가까워졌다. 아이맥스 영화관에서 바다를 감상하는 기분이랄까. 바다를 향해 툭 튀어 나온 개머리 언덕과 굴업도의 웅장한 선을 한눈에 바라볼 수 있는 언덕 위에 올라섰다. 그의 존재를 알고 만나기까지 4년이라는 긴 시간이 걸려서인지 잔잔한 감동이 밀려왔다. 개머리 언덕에는 이미 두 팀이 먼저 와서 텐트를 치고 있었다. 집을 지을 수 있는 충분한 공간이 남아 있었지만, 이 넓은 곳에서 누군가와 가까이 붙어있기는 싫었다. 개머리 언덕 일대 모두가 7성급 야영지였다. 개머리 언덕이 좋은 점은 넓은 평지라는 것이었다.

개머리 언덕 일몰

나와 병근이 형은 약간의 경사가 있지만, 개머리 언덕과 바다를 함께 조망할 수 있는 언덕에 자리를 잡았다. 서둘러 텐트와 실타프를 치고 휴식에 들어갔다. 텐트가 여러 동 있었지만 주변이 넓다보니 한적했다. 오히려 사진을 찍는 나에겐 좋은 미장센이 되어 주었다.

둥그스름한 언덕에 놓인 평지와 길게 이어진 오르막길, 파도와 치열한 전투를 벌이며 살아남은 절벽과 멀리서 보기엔 한없이 잔잔하기만 한 바다. 그리고 듬성듬성 자리 잡은 텐트들. 모든 것이 지척에 있었고 내 옆에서 호흡하고 있었다. 이 모든 것을 놓치기 싫었던 난 해가 사라질 때까지 카메라 셔터에서 손을 떼지 못했다.

연평산에서 바라본 굴업도

진정한 천의 얼굴

'굴업도엔 개머리 언덕만 있는 게 아니구나!' 여행 둘째 날, 개머리 언덕
과 정반대에 위치한 덕물산 정상 풍경을 보며 생각했다. 넓게 펼쳐진 바
다를 보며 넋을 놓다가 덕물산 맞은편에 있는 연평산으로 향했다. 연평
산 정상으로 가는 능선에서 만난 굴업도의 얼굴은 덕물산, 개머리 언덕
에서 본 것보다 다채로웠다.

길고 가느다랗게 모래길을 내고 있는 목기미 해변과 바다를 향해 울퉁
불퉁한 몸을 내뻗은 해안 절벽, 해안 절벽 바닥을 움푹 패고 있는 해식
와, 이들을 독특한 모양으로 이어주고 있는 능선까지. 야구의 구종에
비유하면 개머리 언덕은 빠르고 묵직하게 날아가는 직구, 연평산 아래

의 풍경은 공의 움직임이 예측되지 않는 너클볼 같았다. 예술이란 말을 아낌없이 던져 주었다.

가파른 절벽을 올라 연평산 정상에 이르니 'ㄱ' 모양으로 꺾인 덕물산과 개머리 언덕의 반대쪽이 보였다. 굴업도의 얼굴 전체가 훤히 보였다. 때마침 시무룩했던 하늘이 밝게 웃어주었고 그 웃음을 받은 굴업도는 좀 더 신비롭게 변해있었다.

이토록 아름다운 비경을 가진 화산섬이자 바다가 조각한 자연의 예술품, 검은머리물새떼, 매, 황새, 황구렁이, 먹구렁이 등의 멸종 위기종, 천연기념물이 서식하는 안식처에 막강한 자본을 앞세워 골프장을 세우려 했었다니 도저히 이해할 수 없었다. 굴업도가 계속해서 새로운 모습을 보여줄수록 탄성과 탄식이 쉼 없이 흘러나왔다(현재 골프장 건설 계획은 취소된 상태).

동시에 내일이면 이곳을 떠나야 한다는 아쉬움이 끝없이 이어졌다. 하루만 더 있으면 좋을 것 같았다. 해질 무렵이 되어 텐트가 있는 개머리 언덕으로 발길을 돌렸다. 1시간을 넘게 걸어야 했지만 이 풍경을 조금이라도 더 볼 수 있으니 상관없었다. 그 마음을 아는지 어제보다 노을은 더 아름다웠다.

연평산에서 바라본 덕물산

05

다양하게
즐기는
백패킹

분천역

두 바퀴로 오지를 달리다
울진 전곡리

:: 체크포인트

여행지 상황에 따라 자전거 선택을 잘해야 한다. 자전거 전용
도로나 일반 국도, 지방도를 달린다면 미니벨로, 하이브리드 자
전거를 이용해도 되지만, 비포장 임도나 산길이 포함된다면
MTB를 타는 것이 안전하다. 또한 자전거 여행을 안전하게 만
드는 헬멧을 필히 착용해야 한다. 서울 시내 자전거 사고 사망
자중 90%는 헬멧을 착용하지 않았다는 분석에서 알 수 있듯
이, 헬멧은 생명과 직결되는 안전장비이다.

:: 여행지 정보
• 난이도(★☆☆☆☆) 길의 대부분이 비포장 임도지만 MTB
를 타고 간다면 그리 험한 편은 아니다. 낮은 산을 넘어야 하
는 구간이 최대 난코스다.
• 접근성(★☆☆☆☆) 원점 회귀 코스가 아니라 대중교통을 이
용해야 하는데 분천역까지 가는 버스는 없고 기차만 있다.
• 풍경(★★★☆☆) 분천역에서 양원역까지 이어지는 낙동강
상류 풍경이 일품. 양원역에서 소광리까지 가는 임도는 오지
의 기운을 한껏 느낄 수 있지만 계속 숲길만 이어져 있어 자
칫 지루할 수도 있다.
• 야영지(★★☆☆☆) 양원역 주변의 낙동강변. 전곡리 주변
외에는 야영에 적합한 노지가 적다.

:: 찾아가는 길(분천역 기점 기준)
• 대중교통 | 경북 영주시의 영주역에서 기차를 타고 분천역에
서 하차하면 코스가 시작된다. 낙동강 상류길을 보지 않겠다
고 하면 양원역에서 하차하면 된다. 영등포, 수원 등에서 출
발하는 중부내륙관광열차 O-train을 타면 분천역, 양원역까
지 바로 갈 수 있다(주말에만 하루 1회 운행).
• 자가 차량 | 원점 회귀 코스가 아니라 대중교통을 추천한다.

자전거 백패킹을 떠나보자

오랜만에 자전거 여행을 떠나보고 싶었다. 몇 년 전만 해도 전국일주, 남한강일주, 동강일주, 심지어 자전거로 출퇴근까지 했었는데 지금은 2대의 자전거를 집에 처박아 놓고 쳐다보지도 않는다. 나도 나지만 제 할일을 못하고 하염없이 집에서 놀고 있는 녀석들에게 세상 빛을 보여주고자 생각했다.

여행용으로 선택한 자전거는 세상에서 가장 아름다운 삼각형이라 불리는 스트라이다. 도심에서 대중교통 연계용으로 주로 타는 자전거라 여행용으로 적합하지 않을 수도 있다. 바퀴는 작고, 체인은 고무벨트로 되어 있으며 기어 변속이 안되는 탓에(기어 변경이 가능한 모델도 있다). 오르막이 조금이라도 가파르면 끌고 올라가야 한다. 이런 녀석을 몰고 떠나려는 이유는 버스 화물칸에 싣기 편하다는 이유 하나 뿐이었다.

간만에 떠나는 자전거 여행이라 준비할 게 많았다. 가장 먼저 진행한 작업은 짐받이 만들기였다. 자전거에 달려 있는 기본 짐받이에 '페니어(pannier)'라고 부르는 자전거 가방을 얹을 수 있게 받침대를 달아주어야 했다. 시중에 페니어 장착이 가능한 짐받이를 판매하긴 했으나 돈을 아끼겠다는 이유로 자체제작에 돌입했다. 내가 선택한 받침대 소재는 고기 석쇠. 면적이 넓고, 구멍이 숭숭 뚫려 있어 가벼웠다. 펜치를 이용해 짐받이 사이즈에 맞게 석쇠를 'ㄷ' 모양으로 구부린 후 짐받이에 얹고 케이블 타이를 사용해 고정시켰다. 그러고 난 뒤 페니어를 짐받이에 장착했다. 생각보다 잘 버텼다. 페니어에 짐을 실어도 석쇠가 무게를 버텨줄 것 같았다.

다음에 할 일은 짐싣기. 짐받이가 버틸 수 있는 하중은 10kg 밖에 되지 않아 짐을 분산해야 했다. 페니어에는 속옷, 양말을 비롯한 여분의 옷가지와 식량, 코펠, 의자, 테이블, 삼각대 등을 담았다. 페니어 위에는 텐트와 매트를 매달았고 침낭, 방한 의류, 각종 배터리, 헤드랜턴 등은 30리터 배낭에 담았다. 내가 메고 자전거를 탈 생각이었다. 그렇게 짐정리를 모두 마쳤다.

직접 만든 페니어 받침대

캠핑 장비를 실은 스트라이다

오지게 만나기 힘든 오지 마을

여행지로 선택한 곳은 오지가 많기로 소문난 경북 봉화와 울진이었다. 낙동강 상류를 따라 달릴 수 있는, 한때 탄광열차가 달렸던 봉화의 분천역과 양원역을 지나 울진의 작은 오지 마을인 전곡리, 금강 소나무 숲이 있는 소광리, 그리고 15km 길이의 불영계곡 옆을 달려 울진 해변을 만나는 2박 3일의 일정이었다. 시작점인 분천역과 낙동강은 좋았다. 한적하고 길도 평평하고 10월이라 산도 울긋불긋 예쁘게 치장하고 있었다. 문제는 그 이후에 발생했다. 분천역과 양원역 중간쯤으로 포장도로가 끊기고 산길이 나왔다. MTB를 타고 있었더라도 지나기 힘든 좁은 길이었다.

난 이 길을 걸은 적이 있었다. 그런데 분천역 근방의 낙동강 길이 너무 좋아 산길이었다는 것을 망각한 것이다. 사람만 걸어 다닐 좁은 산길이라 끌고 가는 것도 어려웠다. 곧 자전거를 들지 않고서는 도저히 통과할 수 없는 오르막이 등장했다. 25kg가 넘는 짐과 자전거를 들고 오르막을 올랐다. 조금만 발을 헛디디면 바로 자전거와 함께 나뒹굴게 된다. 그럴 수는 없었기 때문에 손끝 발끝의 힘까지 모두 끌어 모아 오르막을 올랐다. 내리막 역시 급경사라 자전거가 제멋대로 미끄러지려 하는 것을 겨우 달래며 끌고 내려왔다.

국내 대표적인 오지 마을인 울진군 전곡리

시간이 지체된 탓에 간이역인 양원역의 호젓한 가을 자태는 대충 감상한 후 전곡리로 향했다. 예상하지 않은 야간 라이딩이 시작됐다. 누가 오지 마을 아니랄까봐 가는 내내 가로등 하나 없었다. 길은 오르막 투성이라 가는 내내 자전거를 질질 끌어야 했고 원망스럽게도 내리막은 저승행 고속도로 같아 속도를 낼 수 없었다. 그렇게 찾아간 마을 역시 어둠 속이었다. 몇 가구 보이지 않는 마을의 숲속 어딘가에 텐트를 치고 지친 체력을 충전했다. 정말 고요한 밤이었다.

전곡리 마을 안의 숲

대단한 풍경을 가진 동네는 아니었지만 시골의 적요한 아침이 건네는 상쾌함은 도시에서 만날 수 없는 것이었다. 그동안 적립됐던 온몸의 먼지가 모조리 씻겨 나가는 기분이었다. 이런 기분에 취하면 언제나 출발이 늦는 법이다. 작은 계곡을 따라 아침 산책을 하고 여유롭게 아침을 먹고, 사진을 몇 장 찍었더니 오후 12시가 다 되어가고 있었다. 서두름이 필요한 시간이었다. 짐을 모두 챙긴 뒤 마을 옆을 흐르는 골포천을 따라 느리게 달렸다. 드문드문 앉아 있는 한갓진 시골집들의 자태가 눈을 스쳤다. 평화라는 단어 외에는 알지 못하는 듯한 그림이었다.

스트라이다, MTB로 데뷔?

평화는 길지 않았다. 전곡리부터 소광리로 가는 길은 90%가 비포장 임도였다. 인터넷 지도에 선명히 길 표시가 되어 있어서 포장도로라고 생각했는데 오판이었다. 안 그래도 비포장도로에서 취약한 자전거인데 10kg의 짐까지 실려있으니 도저히 타고 갈 수가 없었다.

사람 한 명 나타나지 않는, 오지의 기운을 물씬 풍기는 가을의 흔적을 담뿍 가지고 있는 길이라 마음에 들었지만 자전거를 타기 위해 떠나온 여정 아니던가. 어제부터 제대로 자전거를 타지 못하니 속은 답답했고 예쁘다고 생각했던 길도 지루해졌다. 내가 바라던 포장도로는 소광리 직전에서야 만날 수 있었다. 드디어 스트라이다가 맘 놓고 달릴 수 있게 된 것이다.

금강 소나무 숲이 있는 동네라 대단한 게 있을거라 생각했는데 소광리는 그냥 평범한 시골 마을이었다. 하지만 자전거를 타고 맘껏 달릴 수 있으니 그것만으로도 좋았다. 도심용 자전거를 끌고 오지의 산을 넘어온 탓에 지쳤지만 무사히 온걸로 만족하기로 했다. 자축하는 의미로 맥주와 파전을 먹으며 이날의 라이딩을 찬찬히 곱씹었다. 아직 하루의 일정이 더 남아있기에 잠자리를 찾아 다시금 페달에 발을 올렸다. 험난한 여정은 이제 시작이라고 으름장을 놓을 심산인지 비소식이 들려왔다. 한숨이 살짝 나왔지만 일단은 달렸다. 시원한 바람이 온 몸을 떠미는 이 순간을 모른체할 수 없었다.

전곡리에서 소광리로 가는 임도

덕풍계곡 2용소

더울 땐 물 위를 걷는 거야

삼척 덕풍계곡

:: 체크포인트

계곡 트레킹은 물에 빠지는 경우가 많기 때문에 가급적이면 혼자서는 트레킹을 하지 않는다. 그리고 중요한 물건은 드라이색 같은 방수 주머니에 넣어야 안전하게 보관할 수 있다. 참고로 필자는 부주의로 인해 핸드폰과 DSLR 카메라를 계곡에 빠뜨려 장렬히 전사시킨 적이 있다.

:: 여행지 정보

- **난이도(★★☆☆☆)** 평지 트레킹과 등산의 중간 정도 난이도라고 보면 된다. 계곡 들머리부터 제2용소까지 거리가 그리 멀지 않아 적당한 트레킹을 즐길 수 있다.
- **접근성(★☆☆☆☆)** 삼척의 호산터미널과 태백의 태백터미널에서 덕풍계곡 마을로 가는 버스가 있으나 운행 횟수가 많지 않아 불편하다.
- **풍경(★★★★☆)** '우리나라에 이런 곳이 있었어?'라고 할만한 협곡 풍경이 트레킹 내내 펼쳐진다. 옥빛을 내는 계곡 물빛도 일품이다.
- **야영지(★☆☆☆☆)** 덕풍계곡은 산림유전자원 보호구역으로 지정되어 있어 야영 및 취사가 금지되어 있다. 출입 및 트레킹은 가능하며 야영은 계곡 입구 부근에 있는 야영장을 이용하면 된다.

:: 찾아가는 길

- **대중교통** | 삼척보다는 태백터미널에서 가는 것이 수월하다. 태백터미널에서 호산 · 풍곡행 버스를 타고 덕풍계곡 입구에서 하차한다. 버스는 1일 4회(08:30, 13:00, 15:45, 19:00) 운행하며 40분 정도 소요된다. 덕풍계곡 마을에서 트레킹 들머리까지는 약 6km 정도 떨어져 있다.
- **자가 차량** | 내비게이션으로 덕풍산장 혹은 강원도 삼척시 가곡면 풍곡리 801-7을 검색하면 된다. 덕풍산장 앞에서 계곡 들머리까지 100m 정도 떨어져 있다.

그럼에도 여름에 떠날 수 있는 이유

더운 걸 끔찍하게 싫어한다. 때문에 여름에는 야외활동을 잘 하지 않는다. 나에게 있어 여름휴가란 진정한 '방콕'인 것이다. 하지만 가끔씩 물속에 빠지고 싶은 욕구가 치밀어 오르니 그럴 때마다 계곡을 찾는다. 계곡 물에 발을 담그거나 물장구를 치는 정도에서 끝나는 것이 대다수지만, 취미가 걷는 일이다 보니 계곡을 따라 걷는 트레킹을 즐기곤 한다. 계곡 트레킹은 묘한 매력이 있다. 뜨거운 공기가 사방을 태워버릴 듯이 덤벼드는 와중에도 온몸을 덜덜거리게 만드는 한기를 만날 수 있기 때문이다. 더운데 시원한 체험을 할 수 있으니 그 맛에 계곡 트레킹을 하는 것인지도 모른다. 계곡은 자연 속 오지를 체험할 수 있게 하는 매력도 있다. 휴대폰이 터지지 않는 오지에서 다른 생각없이 오롯이 자연만을 느끼고 오는 것이다. 산골 깊숙한 계곡일수록 한층 더 진하게 오지의 자연을 즐길 수 있다.

덕풍계곡 1용소

대한민국 대표 오지 계곡

이런 체험에 가장 어울리는 곳을 한 곳만 꼽자면 삼척의 덕풍계곡을 말하게 된다. 국내 오지 계곡의 대표주자인 덕풍계곡은 교통이 정말 불편한 곳에 위치해 있지만 이름이 알려지면서 많은 사람들이 찾고 있다. 덕풍계곡의 대표적인 트레킹 코스는 계곡 입구에서 1, 2용소라고 불리는 폭포와 만나는 3km 남짓의 길이다. 협곡이란 이름이 딱 어울리는 거친 계곡 절벽과 맑게 빛나는 물빛, 지루할 틈 없이 계속 바뀌는 탐방로가 찾는 이들을 실망시키지 않는다.

중간 중간 조심해야 할 구간이 있지만 탐방로가 열린 곳이니 어렵지 않게 트레킹 할 수 있다. 2용소 폭포를 지나 3용소를 거쳐 응봉산 정상으로 향하는 길이 있으나 험로인데다 위험 구간이 있어 혼자서 산행하지 않는 것이 좋다. 우기가 지난 직후에는 물에 빠져야 트레킹이 가능한 길도 있기 때문에 가급적 동행자와 함께 트레킹을 하는 것이 안전하다.

협곡 품 안에 안기는 맛이란?

간만에 오지를 만나고 싶어 동호회 동생들과 함께 덕풍계곡을 찾았다. 불볕더위가 찾아오기 전이라 배낭과 밀착된 등이 비명을 지르지는 않았다. 견딜만한 기온이었다. 계곡 입구에서 트레킹을 시작한지 얼마 지나지 않아 핸드폰의 안테나는 사라지고 말았다. 우리는 이제 문명 세계와 하루 동안 단절된다. 천천히 걸어서 덕풍계곡의 깊은 곳으로 다가갔다. 덜컹거리는 소리를 내는 철제 탐방로 위를 걸으며 불규칙하게 솟아 있는 바위를 밟았다. 폭포가 있는 제1용소에 이르러서는 줄을 잡고 계곡 옆을 아슬아슬하게 지나야 하는 길을 만나 긴장하기도 했다.

우기가 오지 않아 살짝 마른 계곡을 가벼운 마음으로 걸었다. 배낭은 무겁지만 너무 힘들지도 너무 쉽지도 않은 길이기에 내뱉는 숨소리도 거칠지는 않았다. 1시간 반쯤 지나 제2용소에 이르렀다. 한동안 비가 오지 않아 폭포 줄기가 예전 같지는 않았다. 아쉽긴 했지만 깊은 오지 계곡에 우리만 있다는 것만으로도 충분히 좋았다. 계곡 물에 발만 슬쩍 담갔는데도 차가운 기운이 온몸에 전해졌다.

밤이 되자 인공 불빛이라고는 하나도 없는 계곡 속에 우리만 남게 되었다. 계곡의 낭만은 밤에 이르러 제 모습을 드러냈다. 사방이 검은 색으로 뒤덮였을 때 고개를 들어 하늘을 바라보니 뻥 뚫려 있는 느낌이 들었다. 그 공간 속에 별들이 점처럼 박혀 있어 마치 별 우물을 보고 있는 것 같았다. 폭포 소리가 연신 귓등을 때렸다. 그 소리에 우리의 수다는 묻혔고 무엇 하나 낭만적이지 않은 것은 없었다. 우리뿐인 밤이 지나가는 게 아쉽고, 또 아쉬웠다.

함백산 정상에서 바라본 백두대간 능선

종주산행, 가볍게 떠나야 산다

정선 만항재
~동해 무릉계곡

:: 체크포인트

대형 배낭을 메고 종주 산행을 하는 것은 체력적으로 쉬운 일이 아니게. 장거리 산행이 익숙하지 않다면 무리하게 긴 일정을 잡지 말고, 하루 10km 내외로 산행 계획을 잡아야 중도에 계획을 바꾸는 일이 생기지 않는다. 배낭이 가벼워야 한다는 것은 백번 강조해도 지나치지 않다.

:: 여행지 정보

- **난이도(★★★★★)** 산행 코스도 어렵지만 대형 배낭을 메고 장거리 산행을 하는 것 자체가 힘든 일이다.
- **접근성(★★☆☆☆)** 버스편이 있으나 운행 횟수가 적다. 택시를 이용하면 어느 정도 시간에서 자유로워진다.
- **풍경(★★★☆☆)** 만항재 − 매봉, 덕항산 − 청옥산 구간의 풍경은 훌륭하고, 피재 − 구부시령 구간은 진정한 지루함의 연속이다.
- **야영지(★★★☆☆)** 이름 끝에 '령' 또는 '재'가 붙는 곳들은 야영할 만한 평평한 땅들이 있지만 풍경이 좋진 않다.

:: 찾아가는 길(만항재 출발 기준)

- **대중교통** | 정선 고한사북터미널에서 만항행 버스를 타고 종점에서 하차한다. 도로를 따라 2km 정도 올라가면 만항재와 함백산 들머리가 나온다. 만항행 버스는 하루 4회 운행한다. (07:30/09:50/14:10/17:00)
- **자가 차량** | 출발점인 만항재와 도착점인 무릉계곡이 거리가 멀어 차량 회수가 힘들기 때문에 대중교통을 추천한다.

꿈에 그리던 백두대간 종주

오래 전부터 해보고 싶었던 산행이 하나 있었다. 백두대간 종주. 백두산에서 지리산까지 이어지는, 한반도에서 가장 큰 산줄기인 백두대간 중 설악산 진부령부터 지리산 천왕봉 구간을 등반하는 산행이다. 일시 종주로는 약 두 달이라는 시간이 걸리고, 매주 1회씩 구간별 산행을 한다 해도 1년을 투자해야 하는 쉽지 않은 일이다.

종주 생각만 몇 년. 이렇게 미루다가는 안 되겠다 싶어 구간 종주라도 해야겠다고 마음먹었다. 시기는 10월 중순. 행선지는 강원도로 정하고 백두대간 일시 종주를 했던 지인에게 코스를 추천받았다. "덕항산부터 백봉령까지가 좋아. 풍경도 시원하고", 지인의 말을 참고해 인터넷 지도와 정보들을 검색하며 최종 코스를 정했다.

정선 만항재 - 함백산 - 두문동재 - 금대봉 - 태백 매봉산 - 피재(삼수령) - 구부시령 - 삼척 덕항산 - 귀네미 마을 - 댓재 - 삼척 두타산 - 동해 청옥산 - 고적대 - 이기령 - 상월산 - 정선 백봉령(약 70km)

지금은 만항재에서 매봉산 구간이 태백산 국립공원지역으로 편입됐지만 내가 떠날 때만 해도 그렇지 않았다.

당시에는 국립공원이나 출입금지 구간이 없는 곳이어서 위의 구간을 코스로 정했다(야영은 국립공원 구간인 만항재 ~ 매봉산 구간을 피해서 하면 된다). 일정은 5박 6일로 잡고 하루에 대략 12~17km 정도를 이동하는 것으로 계획했다. 코스를 상세히 알아보면서 가장 중요하게 여긴 것은 다음 세 가지였다.

1. 길을 잃을 만한 또는 다칠 우려가 있는 험로는 없는가?

2. 식수는 어디에서 보충하면 되는가?

3. 비상 상황 시 탈출할 수 있는 등산로는 있는가?

모두 안전과 생명에 직결되는 문제였다. 혼자 떠날 예정이다 보니 더욱 신경 써야 하는 부분이기도 했다. 특히 물은 장거리 산행을 유지할 수 있는 필수 요소라 샘물이나 식수를 구할 수 있는 곳을 반드시 알아야 했다. 마지막으로 체력 준비가 필요했지만 매주 백패킹을 다니며 쌓아 놓은 체력을 믿어보기로 했다.

가볍게, 가볍게, 가볍게

종주 산행은 능선을 계속 오르락내리락 해야 하기 때문에 일반 산행보다 체력 소모가 더 심하다. 배낭은 무조건 가벼워야 했기에 중요도가 떨어지는 장비부터 배낭에서 빼냈다. 가장 먼저 퇴출된 것은 실타프와 의자였고 사진을 위해 삼각대는 어쩔 수 없이 포함시켰다. 텐트 무게도 조금이나마 줄이기 위해 모기장을 떼어냈다. 그렇게 해서 챙긴 장비들은 다음과 같았다.

> 싱글월 텐트(그라운드 시트 포함), 3계절 우모침낭, 발포매트, 코펠, 스토브, 경량 미니 테이블(바람막이 겸봉), 카메라, 삼각대. 방풍재킷, 경량 구스다운 점퍼, 긴바지 2벌, 반팔 2벌, 긴팔 1벌, 팬티 3장. 등산 양말 3켤레, 등산장갑, 헤드랜턴, 미니가스랜턴, 보조배터리, 등산스틱, 다용도 칼, 상비약.

5박 6일 연속 산행인데다가 10월 중순이라 옷은 여러 벌 챙기지 않을 수 없었다. 위의 짐과 여섯 끼 분의 식량, 행동식, 2.5리터의 물을 챙기니 배낭 무게가 16.5kg이 되었다. 식량만 아니면 무게를 더 가볍게 할 수 있었을 텐데 산속에서 어찌 될지 모르니 생명연장의 물품을 줄이기 두려웠다. 결국 평소보다 아주 조금 가볍게 배낭 무게를 만들고 길을 떠났다.

체력의 한계를 만나다

첫날 일정은 정선 만항재부터 태백 매봉산까지. 들머리까지 걷는 것을
계산하면 17km 거리였다. 평균 해발 1,300m 이상 봉우리 5곳을 올라
야 했고 힘들게 올라간 정상을 바로 내려갔다가 다시 올라가야 하는 상
황을 반복하다 보니 미칠 것처럼 힘들었다. 16.5kg의 배낭 속에 나의
모든 인생의 무게가 담겨 있는 듯했다.

예상보다 느린 속도 때문에 첫날부터 야간 산행을 감행해야 했다. 느닷
없는 한파주의보로 새벽에는 기온이 0도까지 떨어지는 상황을 맞이했
다. '고생'이란 단어가 딱 들어맞는 하루였다.

그래도 산의 정령이 그리 매정한 분은 아니었는지 하늘의 별을 하루의
보상으로 뿌려주었다. 야영지로 삼은 매봉산 하늘에 은하수가 선명하
게 새겨졌다. 백패킹을 다니면서 이렇게 많은 별은 본적이 없었다. 감
탄과 탄성이 터져 나왔고 추위 따위는 캄캄한 어둠 속으로 내던질 수 있
었다. 별자리를 잘 모르는 것이 아쉽다고 처음 생각했다.

태백시 매봉

내가 원한 건 이게 아니야!

나를 가장 힘들게 만든 건 둘째 날에 만난, 피재(삼수령)에서 구부시령까지 이어진 16km 정도의 길이었다. 평균 고도는 900m~1,000m로 어제 지나온 길보다 쉬웠지만 10km 이상 걷는 내내 딱 두 번만 시야가 트이고 계속해서 숲, 그리고 또 숲이었다. 너무 답답하고 지루했다. 그 와중에 친절하게 오르막내리막을 반복하며 제공해주니 지치지 않을 도리가 없었다.

인생의 모든 회한을 넘어 범우주적 갈등에 휩싸였다. 도대체 나는 어떤 존재인가. 무엇 때문에 여기서 이러고 있다는 말인가. 종주 산행에 대한 의문까지 몰고 왔다. 이 배낭을 메고? 이걸 계속해야 할 필요가 있을까. 산은 그 물음에 대한 답을 주려는 듯, 모습을 한 번도 바꾸지 않고 숲만 내주었다.

구부시령에서 야영을 하며 다시 한 번 이 여정에 대한 진지한 고찰을 했다. 즐겁지 않은데 산행을 계속할 필요가 있을까? 끝내 아니라는 결론을 내렸고 일정을 변경하기에 이르렀다.

두타산. 멀리 강릉 시내와 동해가 보인다.

나도 할 거야, 신선놀음

갑자기 바뀐 계획에 따라 백봉령까지의 산행은 포기하고 두타산, 청옥
산 산행 후 동해의 대표적 여행지인 무릉계곡으로 하산하려 했다. 배낭
은 삼척 시내에 잠시 내려가 여관에 맡겨두었다. 배낭이 없으니 그렇게
홀가분할 수 없었다. 산행 내내 힘들다는 생각이 하나도 들지 않았다.
두타산으로 가는 길은 적당히 시야가 열려 기분까지 상쾌했다. 병풍처
럼 펼쳐진 산자락을 한눈에 볼 수 있는 두타산 정상에선 이번 여정에 대
한 보람을 간만에 느낄 수 있었다.

그리고 하산하는 길에 무릉계곡을 만났다. 헐벗은 정상부와는 달리 이제 시작된 불그스름한 단풍이 눈앞에 펼쳐졌다. 지금껏 봐왔던 무릉계곡은 기억에서 사라졌다. 이렇게 깊숙히 와본 적이 없었기에 처음 만난 원시적인 느낌의 계곡은 마음을 제대로 흔들어 놓았다. 그리고 중간 중간 나타난 웅장한 절벽들도 시선을 빼앗기에 충분했다. 신선놀음을 하고 싶게 만드는 계곡의 풍경 속에서 걸음을 옮기기 힘들었다.

신선봉이라 부르는 넓은 바위 위에 오르자 감동은 절정에 다다랐다. 거대한 절벽과 숨 쉴 틈 없이 빽빽하게 산을 메우고 있는 나무들이 다리에 힘이 풀릴 정도로 넋을 빼놓았다. 오늘 만난 그림 중 단연 압권이었다. 매트와 침낭만 가지고 와서 풍경을 보며 잠들어 버리고 싶은 심정이었다.

힘들었던 4일 간의 산행이 계곡 소리를 따라 정리되고 있었다. 배낭을 더 가볍게 하지 못해서 힘들었고, 기대가 너무 커서 실망했으며 여행은 방황과 함께 그려나가는 지도라는 믿음에 따라 계획을 바꾼, 그래서 몰랐던 무릉계곡의 모습을 만난 뜻밖의 4일이었다. 다시 한번 깨달은 것은 종주 산행은 보다 많은 인내가 필요하며 보다 가벼운 무게로 떠나야 한다는 것이다. 배낭이 무거워 질수록 내가 감당해야 할 인내심도 무거워진다는 것을 제대로 알았던 걸음이었다.

동해시 무릉계곡

06
최고의
풍경을
찾아서

고창군 시내가 내려다보이는 방장산 활공장

파노라마 풍경이 펼쳐지다
장성 방장산

:: 체크포인트

활공장 야영은 바람에 따른 위험 요소가 있다. 사전에 일기예보를 확인하고 간다 해도 바람 상황은 예측이 힘들다. 때문에 혼자 보다는 동행자와 함께 가는 것이 좋고, 펙과 스트링을 철저히 준비해야 안전하게 야영을 즐길 수 있다.

:: 여행지 정보

- **난이도(★★★☆☆)** | 오르막만 있는 등산로를 짧고 굵게 오르면 된다. 도착지는 방장산 정상이 아닌 방장산 자락인 억새봉 정상 부근이다. 들머리인 양고살재에서 1시간 정도 소요된다.
- **접근성(★★☆☆☆)** | 호남선 백양사역 앞에서 택시를 이용해야 한다. 버스편은 없다.
- **풍경(★★★★☆)** | 고창읍 전경과 주변 논밭 풍경이 시원하게 보인다. 전망이 트인 방향이 서쪽이라 일몰을 감상하기에 좋다.
- **야영지(★★★☆☆)** | 평평한 땅은 많지만 바람이 많이 분다. 비상 상황에 대비해 바람을 피할 곳을 미리 봐두어야 한다.

:: 찾아가는 길

- **대중교통** | 호남선 백양사역 앞에서 택시를 이용해 양고살재로 이동한다. 택시에서 하차하는 곳이 바로 들머리 앞이다.
- **자가 차량** | 내비게이션으로 양고살재 공영주차장을 검색하면 된다. 주차장에서 들머리까지는 150m 정도 떨어져 있다.

치료가 불가한 경치 갈망 증후군

많은 백패커들에게 있어 경치를 향한 갈증은 해소할 수 없는 것이다. 이 갈증에서 자유롭다면 이미 열반의 경지에 올라 걷고 야영하는 행위만으로도 만족할 수 있는 고수라고 할 수 있다. 순전히 개인적인 생각이다. 아무튼 나같은 초보 백패커는 시원하게 뚫린 경치를 늘 그리워한다. 산 정상부와 능선의 야영지를 찾아 헤매는 이유다.

사실 이런 곳들은 안전을 생각한다면 피해야할 야영지이다. 언제 어떻게 바람이 불지 모르고 기상변화가 심하기 때문에 위험할 가능성이 크다. 이 사실을 모르는 것은 아니다. 하지만 초보 백패커인 나의 경치 갈망 증후군이 불치병 수준으로 커졌기에 탁 트인 시야를 찾아 자주 원정을 떠나는 것이다.

방장산도 같은 이유로 찾은 곳이다. 장성군의 대표적인 여행지인 백양사와 내장산의 명성에 가려 많이 알려지지 않은 방장산(정확히는 장성군과 고창군의 경계에 있는 산). 하지만 그는 내장산에 뒤지지 않는 등산의 맛을 살려주는 멋진 능선을 가지고 있으며, 정상부에 있는 패러글라이딩 활공장은 고창읍 전경과 주변 논밭 풍경을 원 없이 볼 수 있는 시야를 가지고 있다.

방장산 활공장에서 내려다 본 고창군 시내

방장산 활공장 일몰

바람을 견딘 자만이 누릴 수 있는 축복

문제가 있다면 역시나 바람, 내가 찾아갔을 때도 마찬가
지였다. 일기예보를 통해 바람이 많이 불지 않는 날씨임
을 확인했지만 활공장이 쏘아대는 바람은 제법 거셌다. 다
행히 가공할 수준의 바람은 아니라 충분히 받아낼 수 있었
다. 들머리에서 한 시간쯤 올라 활공장에 도착한 뒤 가장
시야가 좋은 곳에 자리를 잡고 텐트를 설치했다. 가장 중
점을 둔 것은 튼튼한 펙다운. 나의 안전을 지켜줄 존재들
이었다.

활공장에서 백패킹을 한다면 다른 때보다 펙 고정을
튼튼하게 해야 한다.

상대하기 힘든 적은 하나 더 있었다. 바람과 함께 방문한
서늘한 기운, 조금만 서 있어도 손이 시렸다. 계속 밖에 있
기 어려웠다. 하지만 시시각각 변하는 방장산 주변 풍경이
계속해서 날 텐트 밖으로 이끌었다. 풍경의 절정은 언제나
그랬듯 일몰에서 시작됐다. 낮게 깔린 구름을 경계로 태양이 남긴 붉은
흔적과 짙푸른 하늘이 그라데이션을 이루며 그림을 그려냈다. 난 가만
히 앉아 구경하며 환호만 내지르면 됐다.

해가 모두 사라지니 별이 나타났다. 생각지도 않았던 이벤트였다. 나타
난 별들은 상당히 대규모였다. 이런 반가운 방문을 모른 체 할 수 없는
법. 옷을 단단히 챙겨 입고 고개를 들어 하늘에 흩뿌려진 별과 눈을 맞
췄다. '그래, 이 맛에 백패킹하는 거 아니겠어. 바람, 추위, 그 까짓것 이
런 풍경이 날 반기는데 못 참겠어!' 풍경 인심이 넉넉하니 혼자 하는 백
패킹임에도 새벽 1시까지 잠을 이루지 못했다. 조금 아쉬운게 있다면
이 풍경을 함께할 누군가가 없다는 것뿐이었다. '대만족'이라는 표현은
이런 밤에 쓰라고 존재하는 듯했다.

활공장에서의 야경

장암산 활공장에서 바라본 평창읍

치열한 바람과의 사투
평창 장암산

:: 체크포인트

활공장 특성상 바람이 많이 부는 곳이니 강풍이 분다면 야영을 포기하는 것이 현명하다. 또한 주말이면 수시로 패러글라이딩 비행이 있다. 야영을 목적으로 조성된 곳이 아니므로 패러글라이딩 비행 시간대를 피하거나 활공장과 거리가 떨어진 곳에 텐트를 쳐야 한다.

:: 여행지 정보

- **난이도(★★☆☆☆)** | 높이가 800m인 산이지만 평창읍의 해발고도가 400m 정도이기 때문에 실제 등산로는 완만한 편이다.
- **접근성(★★★☆☆)** | 평창읍에서 도보로 들머리 접근이 가능하다. 평창읍으로 가는 시외버스가 많진 않다.
- **풍경(★★★☆☆)** | 활공장에서 바라보는 평창읍의 풍경만큼은 아름답다. 활공장 외에는 시야가 트인 곳이 없다.
- **야영지(★★★☆☆)** | 활공장 주변에 적당한 평지와 전망 데크, 재래식 화장실이 있다. 풍경이 잘 보이는 곳은 경사가 상당하니 주의해야 한다. 장암산 아래의 평창바위공원에서 무료 야영이 가능하다.

:: 찾아가는 길

- **대중교통** | 서울, 원주, 정선 등에서 평창으로 가는 시외버스를 타고, 평창읍 버스터미널에서 하차한다. 평창바위공원 방향으로 10분 정도 걸어가면 평창교와 만나게 되는데, 다리를 건너면 들머리와 안내간판이 나온다.
- **자가 차량** | 내비게이션으로 '강원도 평창군 평창읍 서동로 2625-13'을 검색하면 된다. '새평창공업사'를 검색해도 들머리 바로 앞까지 접근 가능하다.

잘 숨겨둔 동네 보물

직장생활을 하며 6개월간 평창군에 머문 적이 있다. 그때 '장암산'이라는 녀석을 출근길에 매일 바라봤다. 800m의 키를 가진 동네 뒷산 같은 존재였다. 제법 괜찮은 정상 풍경을 가지고 있어 동네 산임에도 여행 느낌이 제법 들었다. 길이 어렵지 않아 천천히 1시간만 오르면 정상부를 만날 수 있었고 임도를 따라 MTB도 즐길 수 있었다.

장암산 경치의 백미는 패러글라이딩 활공장에서 바라보는 평창읍 전경이었다. 사행천(뱀처럼 구불거리며 흐르는 강)인 평창강이 둥글게 감싸고 도는 평창읍의 모습은 마치 잘 숨겨둔 보물 같은 느낌을 주었다. 그리 유명하진 않지만 여느 산의 풍경과 견주어도 뒤지지 않는다고 생각했다.

야영 보단 안전이 우선

그 느낌이 좋아 산에 가고 싶을 때면 천천히 녀석의 등뼈를 밟았다. 그때는 항상 얌전하게 등을 내어주던 녀석이었다. 그런데 2년 만에 백패킹을 하러 올라간 날에는 녀석이 엄청난 심술을 부렸다. 활공장이라 바람이 많은 것은 알고 있었는데 그렇게 많이 불지는 몰랐다. 마을 쪽엔 바람 한 점 없었던 터라 강풍을 전혀 예상하지 못했다. 텐트를 쳤다가는 텐트를 낙하산 삼아 저 멀리 날아갈 것 같았다. 난 생명의 소중함을 잘 아는 인간이었기에 무모한 고집을 부리지 않았다. 산에 도착한지 15분도 안되어 바로 야영을 포기했다. 숲으로 들어가는 방법이 있었지만, 그렇게 하면 장암산까지 온 의미가 없었다. 평온하게 앉아 있는 평창읍을 바라보며 야영을 하는 것이 내가 여기에 온 이유였다.

눈물 어린 한 끼

'미련 없이 깔끔하게 내려가자.' 그렇게 마음먹었지만 억울했다. 괜히 지는 것 같은 어리석은 생각이 들었다. 남은 의지를 불태워 밥이라도 먹어야겠다고 결정했다. 준비 해온 즉석밥과 볶은 김치를 꺼내들었다. 데워 먹을 여유 따위는 없었다. 전망 좋은 자리에 눌러 앉아 즉석밥과 볶음 김치를 한데 뒤섞었다. 몰아치는 강풍에 두 뺨을 속절없이 내어주며 밥을 삼켰다. 퍽퍽하지도 딱딱하지도 않은 어정쩡한 쌀의 식감이 입에 맴돌았다. 맛이 있을 리 없었다.

그저 평창읍 풍경을 반찬 삼아 먹는다는 것에 위로를 받을 뿐이었다. 결국 밥만 대충 먹고, 얼얼해진 두 뺨을 후식으로 얻은 채 도망치듯이 산에서 내려와야 했다. 산 아래는 위쪽과 달리 평온 그 자체였다. 아쉽고 억울한 마음에 한참동안 산을 바라보며 언젠가는 저 멋들어진 풍경을 보며 밤을 보내겠노라고 다짐했다. 메고 있던 배낭이 유독 무거운 하루였다.

괘방산 활공장

바다를 한눈에 담다

강릉 괘방산

:: 체크포인트

백패커 사이에선 꽤 유명한 곳이라 주말에 가면 다른 이들과 장소를 공유해야 할 수도 있다. 등산객도 제법 찾는 곳이므로 다음 날 너무 오래 머문다면 다른 이들에게 피해가 될 수 있다.

:: 여행지 정보

- 산행 난이도(★★☆☆☆) 산이 가파르지 않아 큰 힘을 들이지 않고 야영지(활공장)까지 갈 수 있다. 안인삼거리 들머리에서 활공장까지는 2km 떨어져 있다.
- 접근성(★★★☆☆) 강릉 시내에서 들머리 근처까지 가는 시내버스가 운행되고 있다. 배차 시간이 긴 편이다.
- 풍경(★★★★☆) 등산로에는 시야가 트인 곳은 별로 없지만, 활공장에서 바라보는 강릉 바다 풍경이 일품이다.
- 야영지(☆☆☆☆☆) 야영지로 인기 있었던 활공장 및 산 일대가 야영 금지 구역이 되었다. 현재는 당일 산행과 피크닉만 가능하다.

:: 찾아가는 길

- 대중교통 | 강릉 시내의 신영극장 정류장에서 112, 113번 버스(안인행)를 탄 후 안인 정류장에서 하차한다. 바다 방향으로 3분 정도 걸어가면 삼거리와 함께 등산로 안내 간판이 나온다. 버스 시간은 강릉버스정보시스템 사이트(http://bis.gangneung.go.kr)에서 확인할 수 있다.
- 자가 차량 | 내비게이션으로 '안인삼거리'를 검색하면 된다. 안인삼거리에서 바다 방향으로 100m 정도 이동하면 들머리와 함께 주차장이 나타난다.

그곳은 아이맥스(IMAX) 바다 상영관

바다보다는 산을 좋아하지만 산보다 바다가 좋은 확실한 한 가지가 있다. 그것은 끝이 가늠이 안 되는 넓은 바다가 주는 시원함이다. 산으로는 채우기 힘든 부분이다. 특히 산 아래서 내려다보는 바다 풍경은 언제나 실실 웃게 만든다. 그런 이유로 산과 함께 바다를 만날 수 있는 남해안의 산을 좋아하는데, 거리가 멀다 보니 자주 가지는 못한다. 이럴 땐 핑 대신 닭이 필요하다.

그 닭의 존재는 강릉 괘방산. 정동진과 안인 사이에 위치한 괘방산 (339m)은 1996년 인근 대포동에서 벌어진 무장공비 잠수함 침투 사건을 계기로 안보 체험 등산로를 조성해놓은 산이다.

닭이라는 표현을 썼지만 괘방산이 보여주는 풍경은 매우 훌륭하다. 남해안의 아기자기하면서 복잡한 해안선과는 달리, 단순하면서 넓은 동해안의 웅장함을 한눈에 담을 수 있기 때문이다. 게다가 산이 높지 않아 힘든 산행이 싫은 이들에게는 더 할 나위 없이 좋은 트레킹 장소가 된다.

무더운 여름 등산

겨울에 처음 만났던 괘방산을 더위가 시작되는 6월에 다시 찾았다. 거의 2년 반 만이었다. 여름이 절정을 향해 다가오고 있음을 알려주려는 듯, 나무들이 풍성한 잎을 가랜드(garland)처럼 늘어뜨리고 있었다. 덕분에 사방이 막혀 시선을 돌릴만한 풍경을 만나지 못했고, 묵묵하게 목적지인 활공장을 향해 걸었다.

초여름의 열기를 한껏 뽐내려는 건지 햇살은 자비 없이 뜨거웠고 이를 가려줄 구름은 없었다. 등산로가 힘들지 않다는 게 그나마 다행이었다. 예상대로 한 시간쯤 걸어 야영지인 활공장 전망대에 다다랐다. 해가 기울고 있어 조금씩 그림자가 드리워졌다. 여전히 태양은 우릴 따갑게 쏘아보고 있었지만, 그늘로 몸을 옮기니 산 위로 밀려오는 바람의 기운에 살짝 쌀쌀하기까지 했다.

바다, 너만 있으면 돼

끝이 보이지 않는 바다를 보며 한껏 무념무상에 잠겼다.

오랜만이다. 이 넓고 광활한 풍경을 한 눈에 담은 것이. 위아래 모두 푸른 기운만 뿜어내는 단순함의 절정 덕에 속이 시원해졌다. 등에 잔뜩 맺혔던 땀을 바람에 날려 보내서인지 더 시원함을 느꼈는지 모른다. 아직 해가 떠 있었지만 나무 그늘에서 만나는 바람은 시원함을 넘어 쌀쌀하기까지 했다. 천천히 정신을 챙긴 뒤 텐트를 펼쳤다. 바람이 훼방을 놓기 시작했지만 이 정도에는 끄떡하지 않는다. 가볍게 바람을 무시하고 집 공사를 마무리 지었다. 역시, 텐트가 있어야 풍경이 완성된다.

의자에 앉아 바다를 보며 밥상을 차렸다. 심심한 풍경과 어울리는 심심한 샐러드와 두부가 전부였다. 분명히 밤이 되면 허기가 찾아오겠지만 상관없었다. 퇴근 시간을 넘긴 해를 따라 천천히 어두워지는 바다를 보며 불쑥 찾아올 출출함을 참기로 했다. 멍하니 어두워지는 바다를 계속 바라봤다. 어느새 푸른색이 사라진 바다는 전원을 끈 TV처럼 검게 변해있었다. 파도 소리조차 사라졌다. 그렇게 아무도 떠드는 이 없는 조용한 밤이 찾아왔고 고요한 어둠 속 즐거움이 시작되었다.

활공장에서 바라본 강릉 바다

렌틸콩 샐러드. 여름 백패킹엔 불을 쓰지 않는 샐러드만으로도 충분한
식사가 된다.

민둥산 정상 능선

가을 속에 묻히고 싶다면
정선 민둥산

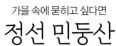

:: **체크포인트**

민둥산은 가을에 방문객이 집중적으로 몰린다. 주말이면 줄을 서서 올라가야 하는 경우도 있다. 때문에 가을 주말에 백패킹은 등산객들이 하산하는 시간에 맞춰서 올라가야 한다. 또한 사람들이 올라오지 않는 오전에 일찍 철수해야 주변에 피해를 주지 않는다.

:: **여행지 정보**

• **산행 난이도(★★☆☆☆)** 1,000m가 넘지만 산 자체의 난이도는 높지 않은 편. 들머리에서 정상까지는 2시간 정도 소요된다.

• **접근성(★★★☆☆)** 민둥산 들머리와 가까운 곳에 위치한 민둥산역까지 가는 기차가 청량리역에서 출발한다(주말 기준 하루 8편 정도 운행).

• **풍경(★★★★☆)** 산 전체를 뒤덮는 가을 억새 풍경이 장관을 이룬다. 정상부의 탁 트인 조망도 훌륭하다.

• **야영지(★★★☆☆)** 정상 주변에 데크가 많이 있지만 주말이면 많은 백패커들이 찾아 데크가 만석이 될 수 있다. 데크 외에 공터 같은 노지가 몇 군데 있다.

:: **찾아가는 길**

• **대중교통** | 청량리역에서 민둥산역으로 출발하는 열차를 탄 후, 민둥산역에서 하차한다. 민둥산역에서 증산초교 방향으로 1.8km 정도 도보로 이동하면 들머리와 만난다.

• **자가 차량** | 내비게이션으로 증산초등학교(강원도 정선군 남면 민둥산로 12)를 검색하면 된다.

억새가 춤을 추는 곳

산이 가장 바쁜 계절은 가을이다. 단풍이 들며 모습이 화려해지는 만큼 많은 사람들이 산을 찾는 통에 주말 산속은 쉬지 않고 뭉근히 끓는 뚝배기처럼 분주하기 이를 데 없다. 단풍이 물든 산만 사람이 몰리는 것은 아니다. 가을을 상징하는 또 하나의 빛깔, 은은한 갈색으로 온몸을 무장한 채 바람 부는 데로 흔들리는 억새도 사람들을 산으로 불러모은다.

정선의 민둥산은 이 억새를 무기삼아 가을 내내 사람들을 산속에 가둔다. 전국 5대 억새 군락지로 알려진 민둥산은 가을이면 억새 축제가 열려 한층 더 바빠진다. 주말에 찾는다면 억새만큼이나 사람들을 구경할 각오를 해야 한다.

민둥산 정상 능선

절정의 억새 속에 옹기종기

민둥산 백패킹은 동호회 모임으로 참석했다. 의도치 않은 야간 산행으로 백패킹의 시작을 알렸다. 2시간 남짓 걸어 어둠에 묻힌 정상에 이르렀다. 주변이 제대로 보일 리 없었다. 풍경 감상보다는 사람들과 수다를 떠는 데 집중해야 하는 밤이었다. 대화 주제는 단순했다. 백패킹. 이 하나만으로 우리는 새벽까지 대화를 이어갈 수 있었다.

이른 아침, 태양의 출근 시간에 맞춰 텐트 밖으로 나왔을 때 우리가 선택한 잠자리의 매력을 알 수 있었다. 여러 동의 텐트가 옹기종기 모여 억새밭 안에 숨어 있는 모습이 멀리서 보면 마치 작은 마을 같았다. 낮게 깔린 태양은 강한 기운의 빛을 뿌렸고, 억새는 자신에게 쏟아지는 빛을 받으며 반짝였다. 그리고 살살 불어오는 바람에 살랑살랑 몸까지 흔드니 가히 환상적인 모습이 이어졌다. 화려하게 제공되는 가을 풍경을 만나러 사람들이 모두 텐트 밖으로 나왔다. 따뜻한 믹스커피로 아침 공기의 서늘함을 날리며 억새가 건네는 여유를 한껏 들이마셨다.

하지만 느긋한 아침의 여유도 잠시, 볼일이 있어 하산을 서둘렀다. 다른 방문객들을 위해 빨리 철수하는 것이 맞지만 그래도 내심 아쉬웠다. 산을 내려가며 만난 풍경은 가을 기운을 더 깅하게 뿜어내고 있있다. 민둥신 니미로 끝없이 이어진 능선들과 눈앞에 가득 펼쳐진 억새 군락이 보기 좋게 조화를 이루었다.

기차 시간이 촉박했지만 그 자리에 멈추고 카메라 셔터를 눌렀다. 걸음은 느려졌고 그만큼 떠날 수 없었다. 가을의 절정을 조금이라도 더 보고 싶은 마음이었으리라. 서둘러도 모자를 판에 게으름만 더 커졌다. 그사이 기차 시간이 코앞까지 다가왔다. 어쩔 수 없이 억지로 발을 뗐고 걸음마다 아쉬운 발자국을 남겼다. 산을 떠나는 일이 이토록 서운한 건 무척 오랜만이었다.

마복산 야경

숨겨 두고 싶었던 나의 비밀 포인트

고흥 마복산

:: 체크포인트

바위 위의 캠핑은 위험 요소가 많다. 바람이 강하게 부는 날은 야영을 피하고, 펙다운이 불가능할 수 있으므로 완전 자립형 텐트를 준비하는 것이 좋다.

:: 여행지 정보

• 산행 난이도(★★☆☆☆) 산 중턱의 들머리까지 차로 이동할 수 있는 임도가 있다. 들머리에서 정상으로 향하는 능선도 도보로 15분 정도면 만난다.
• 접근성(★★☆☆☆) 서울 출발 기준으로 볼 때, 고흥이라는 지역 자체가 찾아가기 꽤 먼 곳이다. 2박 이상의 일정으로 가는 것을 추천한다.
• 풍경(★★★★★) 능선 산행을 하며 만나는 다도해 해상국립 공원의 풍경이 압권이다. 멀지만 꼭 한 번 가볼만하다.
• 야영지(★★☆☆☆) 바위 외에는 야영할 만한 곳이 많지 않 다. 시야가 막혔지만 텐트 치기 적당한 헬기착륙장이 있다.

:: 찾아가는 길

• 대중교통 | 고흥터미널에서 내산으로 가는 농어촌 버스를 탄 후, 내산 정류장에서 하차한다. 정류장 맞은편에 마을로 들 어가는 길이 있다. 마을로 들어서면 등산로 위치를 알려주는 안내판이 있다. 암자로 가는 길과 임도를 따라 올라가는 길 이 있는데, 임도를 따라 가는 쪽이 산행이 편하다.
• 자가 차량 | 내비게이션으로 '전라남도 고흥군 포두면 우주 로 1200-3'을 검색하면 마복산으로 향하는 임도에 도착한 다. 임도를 따라 계속 오르다보면 주차장에 도착한다. 들머 리는 주차장 바로 앞에 있다.

나의 백패킹 로망을 실현하다

백패킹을 하다 보니 소원 하나가 생겼다. 바다와 산을 모두 볼 수 있는 '비경'이 있고, 다른 사람들은 모르고 나만 아는 '비밀스러움'이 있으며, 바위 위에 텐트를 치는 '독특함'이 있는 그런 장소를 하나쯤 알고 싶다는 소원이었다. 전남 고흥군에 자리한 마복산은 이 소원을 실현하기 위해 찾아낸 곳이다.

일반 산행으로는 제법 많은 사람들이 찾는 산이지만 백패킹 장소로는 들어본 적이 없고, 블로그 후기도 찾지 못했다(그렇다고 내가 처음은 아니겠지만). 때문에 마복산의 존재를 찾아냈을 때의 성취감과 직접 눈으로 보았을 때의 황홀감은 말로 표현하기 힘들었다. 아무에게도 마복산의 이름을 말해주고 싶지 않았다.

마복산은 높이 500m 정도로 오르기 어렵지 않은 산이다. 산허리 이상까지 차가 올라가 등산을 좋아하지 않아도 마복산이 가진 남해안의 비경을 얼마든지 감상할 수 있다. 마복산 정상에 오르면 다도해 해상국립공원 팔영산 지구, 바다를 메워 만든 넓은 평야, 다도해의 아기자기한 섬들이 한눈에 보인다. 어느 누가 장소와 이름을 물어도 공개하지 않았던, 나의 백패킹 로망을 실현시켜준 고흥군 마복산. 아직까지도 이곳을 능가하는 야영지를 만나지 못했다.

마복산 정상에서 바라본 팔영산

마복산 단풍

멀지만 오길 정말 잘했어

고흥은 먼 곳이었다. 서울에서도 버스편이 많
지 않고 소요시간도 부산보다 오래 걸렸다. 내
가 오랫동안 찾지 않은 이유였다. 하지만 먼
길을 택한 것에 대한 보상은 값졌다. 들머리인
산중턱부터 다도해 해상국립공원 일대가 눈
앞에 펼쳐졌다. "와" 소리가 절로 나왔다. 기
분이 좋아지면 저절로 입꼬리가 올라가는 증
상이 나타났다. 빨리 능선을 타고 바위 위 야
영지를 찾고 싶었다. 정상까지 향하는 능선은
나무들로 막혀 있다가, 중간 중간 여행자의 숨
통을 틔우듯 시원한 풍경을 내놓았다. 그 모습
에 쉬지 않고 감탄을 터트렸다.

정상부 일대를 열심히 찾아다닌 끝에 텐트 하나를 칠 수 있는 바위를 찾아냈다. 약간의 경사가 있었지만 문제될 건 없었다. 세, 네 걸음 나아가면 3m 가량 되는 낭떠러지가 있다는 것이 위험 요소였다. 준비한 텐트가 완전 자립식 모델이라 설치는 쉽게 했지만, 만일의 상황에 대비에 펙을 박아야 했다. 허나 주변이 온통 바위라 상황이 여의치 않았다. 무거운 돌을 가져와 스트링으로 텐트와 돌을 연결시켰다. 바위 틈으로 흙이 쌓인 곳엔 펙을 박았다. 바위 아랫자락에 흙바닥이 있어 등산 스틱을 길게 늘려 펙 대신 사용했다. 임시방편이었지만 강풍이 불지 않는 한 버틸만한 수준이 되었다.

혼자여도 즐거운 이유

맑은 모습은 자취를 감추고 구름이 가득 낀 찌뿌둥한 하늘로 도배되었지만 날 흥분시키기에는 모자람이 없었다. 이 바위, 저 바위를 넘나들며 신명나게 사진을 찍고 있으니 해가 저물었다. 일몰도 놓칠 수 없다. 쉬지 않고 셔터를 눌렀다. 혹사에 가까운 손가락 노동이었다. 해가 완전히 저물자 산 아래 작은 마을의 집과 가로등이 불을 밝혔다. 나로대교가 어둠을 가르고 나타났다. 수평선 끝에선 조업나간 배들이 일렬로 자신들의 존재를 알렸다. 섬과 바다는 실루엣만 남았지만 그 모습마저도 매혹적이었다. 그동안 만났던 야영지 중 최고의 풍경을 가진 곳이라고 단번에 결론을 내렸다.

텐트를 열면 바로 그림 같은 풍경이 나타나는데 어찌 최고라 하지 않을 수 있을까. 몇 시간에 걸친 사진 촬영으로도 밀려오는 감동을 모두 소화시킬 수 없었는지, 텐트 안에서도 마복산의 풍경을 넋 놓고 바라보았다. 혼자였지만 심심할 틈이 없었고 감동하는데 쓸 시간도 부족했다. 황홀한 시간을 보내며 마복산을 찾아낸 나의 혜안에 무한한 칭찬을 보냈다. 그어느 때보다 빠르게 밤이 흘렀다. 잠드는 시간조차 아까운 순간이었다.

07
추워도 좋아
환상적이니까
동계 백패킹

심도봉 정상에서 바라본 풍경

특명! 체온을 지켜라
영동 민주지산

:: 체크포인트

겨울철 산행 시엔 얇은 옷을 여러 겹 입는 것이 좋다. 보온력이 좋다는 이유로 두꺼운 다운점퍼를 입고 산행을 하면 땀 때문에 오히려 체온을 뺏긴다. 시원하다는 느낌이 드는 정도의 두께로 옷을 입고 산행을 시작하면 적당하다. 야영 시에 물과 물티슈를 외부에 두면 밤사이 얼어버린다. 침낭 안에 두고 자거나 여분의 옷, 천 등으로 감싼 뒤 배낭 안에 넣어두면 어는 것을 방지할 수 있다.

:: 여행지 정보

- 산행 난이도(★★★☆☆) 위험한 구간은 없으나 정직하게 나오는 오르막을 꾸준히 치고 올라가야 한다.
- 접근성(★★☆☆☆) 대중교통 접근이 불편한 편이다. 자가차량 이용을 권한다.
- 풍경(★★★☆☆) 야영지로 주로 선택하는 삼도봉까지 가는 등산로는 볼만한 풍경이 없다. 하지만 삼도봉 정상에서 내려다보는 주변 산들의 거친 선이 절경을 이룬다.
- 야영지(★★★★☆) 삼도봉 정상부에 텐트를 칠만한 평평하고 넓은 노지가 있다.

:: 찾아가는 길

- **대중교통** | 경부선 영동역 맞은편의 버스 정류장에서 '영동~물한' 농어촌 버스를 탄 후, 물한2리(한천) 정류장에서 하차한다. 정류장 인근에 등산로 안내 간판이 있다. 버스는 하루 5회 운행한다.
- **자가 차량** | 내비게이션으로 '민주지산물한교등산로입구'를 검색하면 된다. 도착지에 주차장이 있다.

추우니까 나가는 거지

"이 날씨에 집 놔두고 어딜 가는 거야?"

평범한 외출조차 하기 싫은 한겨울에 배낭을 둘러메고 나가면 어김없이 어머니가 하시는 말이다. 난 무심하게 "추우니까 나가는 거지."라고 대꾸하며 집을 나선다. 겨울은 백패커들이 가장 기다리는 계절이다. 눈이라는 계절상품이 어느 시기보다 백패킹을 환상적으로 만들어 주기 때문이다. 하지만 이겨내야 하는 장애물도 있다. 바로 추위다. 옷을 아무리 껴입어도 특히 발은 무슨 짓을 하더라도 찢어질 듯이 시려온다. 추위가 작정하고 찾아오는 날이면 영하 15~20도까지 우습게 떨어지니, 추위를 안 느낀다면 오히려 이상한 일이다. 미리 준비해간 방한 용품으로 날선 추위와 맞서는 수밖에 없다.

충북 영동군의 민주지산(1,242m)으로 겨울 백패킹을 갔을 때 이 추위를 제대로 겪은 적이 있다. 참고로 민주지산은 충북 영동군, 전북 무주군, 경북 김천시에 걸쳐 있는 산이다. 백두대간 자락인 덕유산과 멀지 않은 이웃사촌으로, 덕유산만큼이나 겨울 산행지로 유명하다. 겨울 명산이라는 유명세도 있지만 삼도봉(1,177m) 정상에 야영하기 적당한 평지가 있어서 많은 백패커들이 찾는다.

겨울 필수품인 다운 부티와 다운 바지

얇은 솜침낭과 다운침낭을 겹쳐 사용하면 보온력
을 높일 수 있다.

추위와 싸우려면 준비는 철저하게

민주지산 백패킹을 떠나기 전 추울거라는 예보를 미리 접했다. 다운점퍼, 다운바지, 다운 부티, 핫팩, 넥워머, 방한 장갑 등 방한 장비를 철저히 챙겼다. 산행 중에는 계속 몸을 움직이니 추위를 느낄 틈이 없었다. 본격적인 혹한은 저녁부터 시작됐다. 바람 한 점 불지 않는 날이었다. 그런데 주변을 떠도는 공기는 날카로운 칼날이 얼어붙은 채 촘촘히 박혀 있는 것 같았다.

잠시만 나와 있어도 얼굴의 감각이 무뎌졌다. 발은 말해 무엇할까. 양말 두 겹, 다운부티까지 신었는데도 발이 시렸다. 핫팩을 히든카드로 꺼냈지만 별 소용이 없었다. 쉘터 안에서 사람들과 있으니 그나마 앉아 있을만 했다. 쉘터가 없었다면 도란도란 모여서 수다를 떨기란 불가능했을 날씨였다.

잠자리에 들 때도 만반의 준비를 했다. 보통 동계에는 우모량 1,000g 이상의 다운침낭을 사용하는데, 내가 가지고 있는 침낭은 우모량 900g짜리 제품이었다. 한겨울에 쓰기에는 약간 무리가 있었다. 그래서 3계절용으로 쓰는 얇은 솜침낭을 침낭커버처럼 사용하여 보온력을 높이기로 했다. 기장 추위에 민감한 발쪽에 핫팩 2개를 두고 손에 각각 하나씩 쥐었다. 얼굴은 버프(마스크)로 감싸고 얼굴을 최대한 침낭 속으로 파묻었다.

삼도봉 정상 인근의 야영지

그리고 추위는 계속된다

나름 최선의 조치를 취하고 잠이 들었다. 확실히 솜침낭의 보온력이 효과가 있었다. 침낭 두 개를 겹쳐서 쓰다 보니 답답한 감이 있었지만, 혹한기용 임시방편으로 활용할 만했다. 한결 포근해진 아침 공기를 확인한 뒤 밖으로 나갔다. 정상 풍경을 바라보며 '밤새 잘 살아남았구나.'라며 뿌듯해 했다. 그때 내 옆에 텐트를 쳤던 사람들이 나누는 대화를 들었다.

"어제 새벽에 보니까 영하 20도까지 떨어지더라고."
"진짜? 어쩐지 춥긴 춥더라."

그 말에 어제의 추위가 다시금 생각났다. 충분히 그럴만한 날씨였다. 사진 찍으러 나오기 싫을 만큼 공기가 매서웠으니 말이다. 일행들이 모두 일어나 무사히 밤을 잘 보냈냐고 안부를 물어본 뒤 쉘터로 모였다. 기세가 약해진 추위는 자신의 존재를 남겨두고 싶었는지 물과 물티슈를 모두 얼려놓고 떠났다. 아침을 해결하기 위해서는 얼어 있는 물을 녹여야만 했다. 물을 녹이기 위해 핫팩과 함께 품에 넣었지만 얼어 있는 물은 쉽게 녹지 않았다. 추위와의 싸움은 그렇게 다시 시작됐다. 역시 겨울은 겨울이었다.

오서산 정상 능선

나 홀로 야간 트레킹

홍성 오서산

:: 체크포인트

동계 야간 산행은 일반 야간 산행보다 시간 소요가 많다. 특히 러셀이 되지 않은 구간을 만나면 체력적으로 더 버거워진다. 때문에 겨울철 야간 산행은 가급적 동행자와 함께 하고, 혼자 가게 된다면 이미 등산로를 파악하고 있는 곳이나 산행이 쉬운 곳으로 가는 것이 좋다. 또한 들머리 지역과 정상부의 적설량은 차이가 있을 수 있으니, 아이젠과 스패츠는 미리 착용해야 중간에 장비를 꺼내는 번거로움을 막는다. 헤드랜턴은 꺼내기 쉬운 곳에 넣어둔다.

:: 여행지 정보

- **산행 난이도(★★★☆☆)** 높은 산은 아니지만 들머리의 고도가 낮은 데다가, 계속 오르막만 이어지는 코스라 높이에 비해 힘이 드는 편이다. 정상까지 임도가 있어 산행이 어려운 경우 임도로 오르면 된다.
- **접근성(★★★☆☆)** 담산리 들머리의 경우 주차장 시설도 잘 되어 있고, 광천역과 멀지 않아 도보로 이동하거나 택시를 타면 편하게 산행이 가능하다. 광천읍에서 출발하는 버스가 있으나 운행 대수가 많지 않다.
- **풍경(★★★★☆)** 홍성군과 보령시 일대의 모습을 한눈에 보며 걷는 정상부 능선 코스가 압권이다.
- **야영지(★★★★☆)** 정상부 능선에 데크 전망대와 평평한 노지가 군데군데 있다.

:: 찾아가는 길

- **대중교통** | 장항선 광천역 또는 광천터미널(서울, 성남, 천안, 안산, 인천 등에서 광천행 시외버스를 탈 수 있지만 천안을 제외하고는 운행 편수가 적다.)에서 '오서산 산촌 마을센터'까지 4km 정도 도보로 이동하거나 택시를 이용하여 접근한다.
- **자가 차량** | 내비게이션으로 '오서산중담1주차장'을 검색하면 된다.

충남 최고봉, 눈을 보여줘!

매서운 한파와 함께 서해안 지역을 중심으로 대설 소식이 들려왔다. 서해안 주변의 산 중 상고대가 피었을 만한 곳을 찾았다. 충남 지역 최고봉이자 국내 대표적인 억새 군락지인 오서산이 유력한 후보로 떠올랐다. 800m 밖에 안되는 높이지만 가까이서 보면 거대한 병풍처럼 서 있는 산이었다. 겨울이면 꾸준히 상고대를 생산한다는 정보도 있었다.

들머리인 광천읍 담산리에서 산행을 시작한 시간은 오후 5시쯤. 생각보다 눈이 많지 않아 아이젠만 착용한 후 발을 떼었다. 목적지인 전망대까지는 3.5km 정도. 사진 찍을 일도 없으니 1시간 반 만에 오르는 것을 목표로 했다. 녀석은 생각보다 경사가 가파른 산이었다. 시작부터 숨이 거칠어졌다. 오르막이 심해지면 지금보다 더 더워질 것이란 판단에 속에 입고 있던 재킷 하나를 벗었다. 땀이 나면 나중에 체온이 떨어질 우려가 있었기 때문이다.

눈의 세계로 가는 길

산행을 시작한지 40분 만에 어둠 속에 갇혔다. 오서산의 머리를 향해 갈수록 쌓인 눈은 깊어져만 가고 등산로는 사람들이 많이 찾지 않았는지 눈이 다져지지 않아 발이 계속 빠졌다. 스패츠를 할 필요가 있었지만 귀찮다는 이유로 착용하지 않았다. 미련한 짓이었다. 평소 산행보다 다리에 힘이 더 들어갔고 피곤이 가중되리란 다리의 경고가 느껴졌다. 등산화 속으로 눈이 들어와 기어이 양말을 적셨다. 차갑고 축축한 느낌이 발목을 감쌌다. 처음부터 해야 했던 스패츠를 양말이 젖은 후에야 뒤늦게 착용했다.

산행은 한결 편해졌는데 정상까지 얼마나 남았는지 도통 알 길이 없었다. 표지판도 보이지 않았다. 눈앞에 보이는 작은 등산로를 따라 조심스럽게 걸었다. 거칠어진 숨소리는 잦아들 기미가 없었다. 걷는 것이 유일하게 할 수 있는 일이었다.

순간 묘한 기분이 들었다. 그간 지나온 나뭇가지와는 다른 느낌이었다. 혹시? 주변을 둘러보았다. 어둠 너머로 눈옷을 입은 나무가 보였다. 헤드랜턴을 비추며 사방을 두리번거렸다. 투박하긴 하지만 제법 통통하게 살이 오른 눈꽃들이 나뭇가지에 피어있었다. 이에 그치지 않고 나뭇가지들이 길게 팔을 뻗어 눈꽃 터널을 만들고 있었다.

막혀 있던 시야도 조금씩 열렸다. 산행 시작 2시간 만에 정상 능선을 밟았다. 하나도 남아 있지 않을 거라고 생각한 눈꽃도 정상의 거친 바람을 이겨내고 남아 있었다. 화려함은 없었지만 자연의 인내와 순수한 밤의 고요가 느껴지는 풍경이었다.

나만의 놀이터가 되어준 설산

목적지였던 전망대를 벗어나 정상 방향으로 걸음을 옮겼다. 100m 정도 이동하니 눈이 얕게 쌓인 노지가 발견되었다. 산 아래가 시원하게 내려다보였다. 고민 없이 오늘의 잠자리로 선정했다.

하루 동안 지낼 집을 짓고 간단히 저녁을 먹은 후 텐트 밖으로 나왔다. 얼마든지 밖에서 놀아줄 수 있었다. 그러나 나의 의지와는 다르게 손과 발이 차갑게 얼어 갔다. 하지만, 이 정도 추위는 즐길만한 것이었다. 오서산 능선을 놀이터마냥 휘젓고 다녔다. 바람 한 점 불지 않는 평화로운 날이었다.

넋을 놓고 돌아다니다 눈꽃을 꽉 붙들고 있는 작은 나무와 마주쳤다. 가냘파 보이지만 다부진 모습이었다. 녀석이 언제 사라질지 몰라 재빨리 사진에 담았다. 눈이 쌓인 바닥에 카메라를 놓고 앵글을 잡은 후 몇 장의 사진을 더 찍었다. 관심을 두지 않았던 하늘은 제법 많은 별들이 떠 있었다. 눈꽃과 함께 담긴 별은 지상에 닿길 준비하는 눈처럼 보였다.

"역시, 좋은데?"

깊은 감탄을 하고, 긴 시간을 밤에게 내어준 날이었다. 밤 1시가 다 되도록 텐트 밖에서 나 홀로 셔터 놀이에 빠져 잠들지 못했다. 야간 트레킹, 그것도 나 혼자 하는 밤의 산책이 즐거울 수 있다는 것을 온몸으로 체감한 밤이었다.

태백산 정상

욕심은 고난을 부른다
태백 태백산 &
정선 만항재

:: 체크포인트

겨울 종주 산행은 다른 계절보다 체력적으로나 시간적으로 더 힘들다. 그래서 평소 산행보다 1.5배 정도 여유를 가지는 것이 현명하다. 또한 사람의 발길이 닿지 않은 구간은 러셀이 되어 있지 않아 길을 잃을 위험도 있다. 가급적이면 일행과 함께 떠나고, 혼자라면 야간 산행은 자제하는 것이 안전하다.

:: 여행지 정보

- **산행 난이도(★★★★☆)** 태백산 자체는 어렵지 않은 산이다. 화방재를 지나 넘어야 하는 수리봉이 가파른 경사로만 있어 꽤 힘들다. 수리봉 정상에서 만항재까지는 숲만 있어 지루한 편이다.
- **접근성(★★★☆☆)** 태백산 들머리는 대중교통이 편리하나 만항재 인근에서 고한, 사북터미널로 가는 버스는 하루 4회만 운행한다.
- **풍경(★★★★☆)** 겨울 명산 태백산 정상의 풍경과 만항재 전나무 숲의 상고대가 일품이다. 여기서 만족하지 못한다면 함백산을 올라도 좋다.
- **야영지(★★★☆☆)** 만항재에서 운탄고도로 1km 정도 들어가면 넓고 평평한 노지가 있다.

:: 찾아가는 길

- **대중교통** | 태백터미널에서 당골(들머리)로 가는 시내버스를 타고 종점에서 하차한다. 버스는 수시로 운행한다. 만항재에서는 만항마을까지 2km 정도 걸어가야 버스를 탈 수 있다. 만항마을에서 고한 · 사북터미널까지 가는 버스는 하루 4회 운행한다. (07:50 / 10:10 / 14:40 / 19:20)
- **자가 차량** | 종주 산행이라 원점회귀가 안되므로 대중교통을 추천한다. 자가용을 이용한다면 태백에 차량을 두고 움직이는 것이 유리하나.

거대한 하얀 눈이 뒤덮은 곳, 태백(太白)

"60cm도 우습게 내리는 동네인데
15cm 정도는 온 걸로 치지도 않아요."

버스 기사 아저씨는 이 정도는 별 것 아니라고 얘기했지만, 주변 산들은 온통 눈에 뒤덮여 있었다. 첩첩산중의 세제곱을 해야 어울릴 것 같은, 슈가 파우더를 잔뜩 뿌린 크레이프마냥 켜켜이 쌓인 산들이 도로를 따라 끝없이 이어졌다. 기대감이 효모를 섞은 밀가루 반죽처럼 빵빵하게 부풀었다. 난 영동지방 중에서도 눈이 많이 오기로 소문난 태백을 향해 가고 있었다. 전날까지 15cm의 폭설이 내렸다는 소식을 들은 뒤, 바로 떠나온 여행길이었다.

이번 여정은 백두대간 종주 구간 중 태백산 권역의 일부를 도는 것이었다. 겨울산으로 둘째가라면 서러울 태백산의 들머리인 당골에서 시작해, 정상인 장군봉을 터치한 뒤 화방재로 내려와, 태백산과 함백산의 중간에 위치한 수리봉을 넘어, 대한민국에서 가장 높은 도로가 있는 만항재에서 하루 야영, 다음날은 겨울 산행지로 유명한 함백산 정상을 찍고, 우리나라 5대 적멸보궁 중 하나인 정암사로 내려오는 20km 가량의 일정이었다.

태백산에서 바라본 함백산

예상치 못한 고난의 산행

적당히 힘들고 적당히 땀나고, 적당히 거친 숨을 뱉으며 태백산 정상에 올랐다. 안타깝게도 눈꽃은 대부분 녹았다. 칼바람이 불기로 유명한 태백산 정상에 따뜻한 햇살이 가득하니 눈꽃의 실종은 당연한 일이었다. 어느 정도 예상한 일이라 덤덤하게 받아들이고 태백산 정상인 장군봉을 향해 걸어갔다. 상고대는 부족했지만 유일사 방향으로 내려가는 길에 보이는 함백산의 힘 있는 자태는 장관이었다. 제법 멀리 있었지만 산 전체가 전하는 묵직함이 고스란히 전달됐다. 아낌없이 감탄이 터져 나왔다.

그러다 오늘의 목적지가 저 산의 들머리인 만항재임을 깨달았다. 시원한 감탄은 시커먼 한탄이 되었다. 저기까지 언제가지? 장군봉에서 만항재까지 대략 7.4km 거기서 오늘 야영지로 삼은 곳까지 1km 추가. 지금 시간이 2시 50분. 자칫하다가는 처음 오르는 산에서 야간 산행을 해야 할지도 몰랐다. 부지런을 떨며 발길을 재촉하는 것이 가장 현명한 방법이었다.

오후 4시경. 오르막이 가파르다는 수리봉 들머리에 섰다. 기울어가는 태양 빛을 한몸에 받은 땅은 쌓여 있던 눈을 빠르게 녹여냈다. 덕분에 아이젠을 신고도 미끄러지는 즐거운 상황을 맞이했다. 설상가상, 다리에 힘이 두 배로 들어갔고 첩첩산중에서 허기짐이 찾아와 뱃속을 두드렸다. 점입가경으로 이놈의 산은 가파른 오르막만 존재했다. 두 다리가 모스부호를 찍듯이 연신 떨려왔고 한 발 한 발 내딛기가 힘겨웠다. 그제서야 깨달음이 찾아 왔다. '내가 오늘도 무리한 일정을 잡고 또 욕심을 부린 것이구나!' 차가운 겨울 산에서 성찰의 시간을 가졌지만 때늦은 후회였다.

가느냐 자느냐, 그것이 문제로다

어느새 날이 어두워졌다. 사방에 무릎만큼 눈이 쌓여있었다. 온통 숲이라 얼마를 온 건지 얼마나 더 눈을 헤쳐야 하는지 알 수 없었다. 헤드랜턴 불빛을 따라 무작정 걸었다. 백두대간 종주 구간이라 사람들이 매달아 놓은 표식이 끊임없이 이어져 길을 잃을 염려는 없었다. 길은 끝이 있는 법이니 언젠가는 멈춤의 시간이 오리라 믿었다. 그렇게 2km라는 거리의 무시무시함을 처절하게 깨우친 후 오후 7시가 다 되어서야 만항재에 도달할 수 있었다. 온몸은 만신창이가 되어 약해진 정신이 몸을 지배했다.

'넌 할 만큼 했어. 야영 안 해도 돼. 집에 간다고 해도 뭐라고 할 사람은 없어. 서두르며 터미널 가는 막차를 탈 수 있으니 빨리 떠나자.'

피로 누적으로 무너져가는 마음과 그냥 가기 억울한 마음이 치열한 싸움을 벌였다. 결론은 귀가 쪽으로 기우는 듯했다. 차가운 돌에 앉아 다시 한 번 고민에 빠졌다. 혹한의 환경에서 벌이는 마음속의 전투는 오래 갈 수 없는 법. '그래도', '여기까지', '왔는데' 삼총사가 한데 힘을 모아 집으로 가려는 의지를 구출해냈다.

운탄고도

별 볼일 없던 밤, 별보다 묘한 새벽

운탄고도 들머리에서 1km 가량 떨어진 야영지엔 나 뿐이었다. 넓은 평지 위로 발목 위에 빠질 만큼 눈이 쌓여 있었다. 아무도 밟지 않은 처음 상태의 눈이었다. 조심히 내가 걸을 만큼만 눈을 밟아 나무들이 일렬로 줄지어 서 있는 곳으로 다가갔다. 눈삽이 없어 발로 텐트 면적만큼 눈을 치운 후 집을 지었다. 고단함에 빠져 축축해진 몸이 잘 마르도록 매트 위에 널어놓은 채 하늘을 바라보았다. 시커먼 도화지 같아서 아무래도 별구경은 포기해야 할 것 같았다.

혹시나 하는 기대감에 새벽 5시에 눈을 떴다. 텐트 문을 열고 밖을 내다보았다. 하늘은 여전히 새까만 얼굴이었다. 대신 날이 밝아오며 짙푸르게 변하는 하늘과 눈 그리고 나무가 시선을 사로잡았다. 이때다 싶어 어제 미리 그려 두었던 구도를 잡기 위해 조심스럽게 눈을 밟았다. 삼각대를 세우고 카메라를 세팅한 후 셔터를 눌렀다.

서늘한 새벽 기운이 눈과 만나 몽환적인 공기를 만들고 밤새 허공을 부유하던 얼음알갱이가 나뭇가지에 붙어 옅은 상고대를 만들어냈다. 나무 아래에 다소곳이 앉아 있는 작은 텐트는 조용히 자신의 빛을 내고 있었다. 아무도 밟지 않는 평평한 눈은 풍경의 여백을 담당하는 도화지였고 한밤중에 담아내는 사진과는 다른 느낌이었다. 이 세계가 아닌 듯한 풍경에 넋을 잃고 사진을 담았다.

아쉽게도 날이 밝아오자 마법이 풀린 신데렐라의 호박마차처럼, 풍경은 평범해졌다. 하지만 마음의 여유만큼은 그대로였다. 텐트 안에서 바라보는 눈밭은 마냥 좋았다. 원래 계획이었던 함백산 산행은 천천히 하기로 했다. 지금을 즐기는 것이 더 중요했다.

설국에서 잠들다
횡성 태기산

:: 체크포인트

등산로가 아닌 숲은 보통 눈이 많이 쌓여 있다. 때문에 눈삽을 필히 챙겨야 야영지 구축을 손쉽게 할 수 있다. 더불어 제대로 다져지지 않은 눈에 일반 펙은 잘 박히지 않으므로 스노우 펙을 챙겨야 문제없이 텐트 고정이 가능하다. 눈이 많이 내리는 중에 텐트를 설치한다면, 눈이 벤틸레이션을 막지 못하게 주의하고, 쌓인 눈이 텐트를 무너뜨리지 않도록 수시로 눈을 걷어내야 한다.

:: 여행지 정보

• **산행 난이도(★★☆☆☆)** 산 정상부까지 이어진 도로가 있어 바닥이 얼지 않는 날은 차로 이동이 가능하다. 걸어 올라가도 어렵지 않다.
• **접근성(★☆☆☆☆)** 태기산 들머리인 양구두미재까지 가는 대중교통이 없어 자가 차량이 아니고는 접근이 불편하다.
• **풍경(★★★★☆)** 눈꽃이 만개한 태기산 정상의 풍경은 말 그대로 환상적이다. 한 번 오면 또 찾게 만드는 힘이 있다.
• **야영지(★★★☆☆)** 텐트를 칠만한 평평한 노지가 제법 있긴 하나 대부분 풍력발전기 주변에 위치해 있다.

:: 찾아가는 길

• **대중교통** | 평창 장평터미널에서 택시를 이용하여 양구두미재로 이동해야 한다. 동서울, 원주, 안산, 원주 등에서 장평행 시외버스를 탈 수 있다.
• **자가 차량** | 내비게이션으로 '양구두미재' 또는 '태기산양구두미재등산로입구'를 검색하면 된다.

두 남자의 열망을 담은 눈꽃 원정대

영동지방 일대에 4일 연속으로 눈이 내린다는 일기예보가 들려왔다. '옳거니. 때가 왔어.' 산을 찾을 때마다 따뜻한 날씨 때문에 눈꽃을 보지 못해 한이 맺힌 상황이었다. '이번에는 기필코 눈꽃과 함께 잠들겠노라!' 결연한 의지를 다졌다. 그런데 혼자 떠날 생각을 하니 살짝 마음에 동요가 왔다. 외로운 여정을 방지할 요량으로 가끔씩 백패킹을 함께 다니는 대학후배 창희에게 연락했다.

"야, 상고대 보러가자."
"상고대가 어딘데?"

녀석은 상고대가 강원도 어딘가의 산자락인 줄 아는 백패킹 꿈나무였다. 동계 백패킹은 처음인 창희에게 준비해야 할 것들을 알려주고 행선지를 알아보았다. 무리한 등산을 원하지 않는 녀석에게 적합한 장소를 물색했다. 최종 선택지는 강원도 횡성의 태기산. 차로 접근이 가능하고, 경치 좋고, 눈꽃이 무럭무럭 자라난다고 알려진 곳이었다. 평창 선자령 일대보다 많은 풍력발전기가 돌고 있는 산이기도 했다.

"형, 날씨가 왜 이래? 눈도 없는데?"

기대와는 달리 여행은 불길함으로 시작됐다. 예보가 바뀌어 눈이 일찍 그치고 날이 풀린 것이다. 그간의 경험이 진하게 우러나와 날 불안함으로 적셨다. 망했다. 눈을 찾아보기 힘들었다. '또 허탕을 치는 건가. 태기산으로 가는 것이 옳은가'하는 의구심이 들었다.

이곳은 진정한 겨울왕국

하늘이 우릴 버리지 않았는지 태기산 정상이 가까워지자 산 아래와는 전혀 다른 풍경이 나타났다. 유독 태기산 인근만 새하얀 눈이 산 전체를 뒤덮고 있었고 오동통한 상고대가 절정을 이뤘다. 나와 창희는 얼이 빠진 채 산을 두리번거리며 정상으로 향했다. 눈꽃 행렬은 끝이 없었다. 정상에 가까워질수록 모든 것을 하얀색으로 메우겠다는 눈의 의지가 보이는 듯했다. 천천히 걷고 있으니 눈 속에 있다는 생생함이 온몸으로 전달됐다.

불안했던 마음은 깨끗이 녹아 사라지고 신명만이 남았다. 군부대가 있는 산 정상부는 상고대의 절정이었다. 빈틈없이 새하얀 눈의 세계였다. 상고대와 함께 내려다보는 산 아래 풍경은 짧은 글로 표현이 어려울 만큼 속을 시원하게 했다. 목을 얼얼하게 하는 맥주 한 캔이 간절해지는 순간이었다.

감탄은 잠시 잊고 잠자리를 찾아야 했다. 우리는 숲으로 들어갔다. 눈 쌓인 숲에서 잠들어보는 로망이 있었다. 무릎까지 우습게 빠지는 눈밭을 헤치고 텐트를 칠만한 곳을 찾았다. 나무들이 온통 눈꽃 드레스를 입고 있어 진정한 설국에 왔음을 온 몸으로 체감했다. 눈에 발목이 잡혀 뒤뚱거리는 몸을 힘겹게 가누며 최종야영지를 선정했다. 만개한 눈꽃이 텐트를 감싸 안고 있는 그림이 그려지는 자리였다.

야영지 구축을 위해 눈삽을 꺼내들었다. 삽은 하나, 우리가 가져온 텐트는 5인용 알파인 텐트, 맹렬한 삽질이 예상됐다. 나와 창희는 서로 번갈아가며 불같은 삽질의 진수를 선보였다. 울퉁불퉁한 바닥이 모습을 드러내자 발로 눈을 꾹꾹 밟아 최대한 단단하게 다졌다. 야영지로 선택한 곳이 살짝 경사가 있어 수평을 맞추는 일이 중요했다. 더불어 바닥이 잘 다져져야 펙을 박을 수 있다. 하지만 일반 펙이 눈에 잘 박힐 리 없어 눈삽, 나뭇가지 등을 총동원해 텐트를 고정시켰다. 이가 없으니 잇몸을 버텨야 했다. 텐트 특유의 팽팽한 맛은 포기하고 안전에 방해되지 않을 정도로 텐트를 세우는 것이 최선이었다.

눈과 싸우며 집을 짓고 나니 슬슬 날이 어두워졌다. 적당한 타이밍에 눈발이 날리기 시작했고 눈을 맞은 텐트가 사르륵 소리를 냈다. 작은 랜턴 불빛이 잔잔히 주위를 밝혔다. 운치가 더해졌고 그 기운에 한결 포근해진 두 남자는 인스턴트 저녁과 가벼운 술 한 잔을 소환하여 낭만적인 설국의 밤을 즐겼다.

표백제를 사방에 뿌린 듯 아침 숲속은 더욱 하얗게 변해있었다. 밤새 내린 눈이 눈꽃을 풍성하게 가꾸어 놓았다. 어제 이 눈꽃으로 잔뜩 벌어진 입은 아침부터 다시 벌어졌다. 말 그대로 눈 숲에 파묻힌 아침이었다. 올 겨울, 아니 앞으로 겪을 수많은 겨울에서 이만한 설국을 다시 만날 수 있을까? 하는 생각이 들었다. 마음 같아선 하루 더 머무르고 싶었다. 하나 우리에겐 가야할 길이 남아있었다. 어제와는 다르게 미치도록 맑은 하늘이 가지 말라며 뒷덜미를 연신 잡았지만, 모진 마음을 먹고 태기산에게 손을 흔들었다. 다음에 만날 때도 설국이 되어주길 간절히 바랐다.

안반데기

설원 위에 집을 짓다
강릉 안반데기

:: **체크포인트**

백패킹 장소에 대한 정보, 특히 야영지에 대한 정보가 부족한 상태라면 펙을 적게 박아도 설치 가능한 완전 자립형 텐트를 준비하는 것이 유리하다. 땅이 얼었을 경우 흔히 쓰는 알루미늄펙은 쉽게 부러질 수 있으니 긴 못이나 강철펙을 준비하면 텐트 고정이 수월해진다.

:: **여행지 정보**

• **산행 난이도(★★☆☆☆)** 마을까지 이어진 차로가 있긴 하지만, 겨울철에는 도로가 얼어 4륜 구동 차량 외에는 접근이 불편하다. 베이스 지역에서 차로를 따라 대략 1시간 정도 걸어 올라가면 안반데기에 도착한다.

• **접근성(★☆☆☆☆)** 택시 외에는 대중교통으로 접근할 수 있는 경로가 없다.

• **풍경(★★★★☆)** 60만평에 이르는 고랭지 배추밭을 뒤덮은 설원 풍경이 압도적이다.

• **야영지(★★★★☆)** 안반데기가 한눈에 내려다보이는 넓은 평지가 있다. 단, 농번기에는 밭으로 쓰이는 곳들이 있으니 주의해야 한다.

:: **찾아가는 길**

• **대중교통** | 농어촌 버스를 이용한 접근은 불가하다. 횡계시외버스터미널에서 택시를 타고 이동해야 한다.

• **자가 차량** | 내비게이션으로 '화전민체험촌운유촌' 또는 '안반데기'를 검색하면 된다.

여행의 묘미는 즉흥성

태기산의 감동이 쉽게 그치지 않아 창희와 함께 하루 더 머물자고 합의를 보았다. 하지만 어디로 가야할지 몰랐다. 숲에서 하루를 보냈으니 오늘은 시야가 트인 곳으로 가자는 기준만 정했다. 그렇게 찾다가 발견한 곳이 강릉시 왕산면의 안반데기. 60만 평이 넘는 배추밭과 감자밭이 해발 1,100m에 위치한 대한민국 최대 규모의 고랭지 채소밭이다.

태백 매봉산과 귀네미 마을 고랭지 배추밭을 이미 봤기에, 어떤 풍경이 펼쳐질지는 예상됐다. 이곳 역시 많은 눈이 내렸는지 마을입구를 2.7km 정도 남긴 진입로부터 길이 얼어있었다. 우리는 다시 배낭을 멨다. 적당한 야영지가 있을지 확실치 않아 3인용 텐트 하나로 짐을 바꾼 후 마을로 향했다. 빙빙 도는 임도를 따라 걷기 시작한지 1시간째. '◡'모양의 배추밭이 펼쳐졌다. 밭 위는 온통 눈이 뒤덮고 있었다. 대단한 규모에 기분이 업되었다. 농로를 따라 걸으며 지나는 모든 곳이 밭이었다.

"이런 풍경은 처음인데? 태기산이랑은 완전히 다른 느낌이야!. 대박이다"
"여기가 1,000m가 넘는다는 게 더 신기한 거지!"

수평으로 광활한 배추밭의 풍광은 수직으로 상고대를 만들어내던 나무들과는 다른 느낌을 주었다. 눈꽃 숲이 환상적인 느낌이라면 60만 평의 밭은 장엄했다. 밭의 경사도가 상당해 도대체 어떻게 배추를 심고 재배하는지 쉽게 그려지지 않았다. 수십 년 전, 이 넓은 곳을 맨 손으로 일구었을 화전민들의 노고를 생각하니 숙연해지기까지 했다.

안반데기 고랭지 배추밭

안반데기 고랭지 배추밭

오후의 해가 제법 기울어진 상황이라 터져 나오는 감동을 뒤로 한 채 야영지를 찾았다. '멍에 전망대'라 쓰인 표지판이 가리키는 곳으로 먼저 향했다. 제법 긴 오르막길을 끙끙거리며 올랐다. 안반데기는 물론, 백두대간 자락인 능경봉과 고루포기산이 조망되는 훌륭한 장소였지만, 텐트를 칠 만한 곳이 없었다. 하는 수 없이 풍력발전기가 있는 반대편 언덕으로 발길을 돌렸다.

숨을 헐떡이며 도착한 언덕은 텐트를 칠 수 있을 만큼 평평한 땅을 가지고 있었다. 눈이 많이 쌓여 있지 않아 삽을 꺼낼 필요도 없었다. 무엇보다 마음에든 건 거침없이 트인 시야였다. 안반데기의 넓은 배추밭과 작은 마을 너머로 길게 이어진 산자락, 높은 하늘까지 한눈에 들어왔다. 우리는 주저 없이 결정을 내리고 텐트를 쳤다.

바람이 없는 날이기에 가능한 선택이었다.

그래도 펙은 확실히 박아야 했다. 문제가 있다면 땅이 너무 얼었다는 것. 알루미늄 펙은 속절없이 휘어버릴 딱딱함이었다. 만일을 대비해 강철펙을 가져온 것이 신의 한수였다. 주변의 돌을 망치 삼아 꽁꽁 언 땅에 펙을 박았다.

떠나기 싫은 아쉬움

어제보다 차가워진 공기였지만 바람이 없어 견딜 만했다. 텐트를 치고 얼마 지나지 않아 해가 저물었다. 맑은 날의 저녁은 많은 풍경을 건네주었다. 해질녘의 붉은 하늘, 반달이 밝히고 있는 짙푸른 밤하늘, 달빛을 받아 하얗게 빛나는 배추밭, 밤하늘을 비집고 나타난 별들까지. 얼어가는 손과 발을 외면할 만큼 안반데기의 밤은 고즈넉했다. 단 한순간도 놓치기 아쉬운 시간이었다.

모자랐던 식수 탓에 새벽부터 갈증이 찾아와 일찍 눈을 떴다. 여명의 순간을 카메라에 담고, 홀로 눈밭에 나있는 발자국을 따라 걸었다. 따뜻하게 고개를 내미는 아침 태양의 온기를 받으며 걷고 있으니 눈 속에 푹푹 빠지는 발걸음마저도 포근했다. 바지가 젖든 말든 눈밭에 주저앉아 눈을 떠먹기도 했다. 이대로 태양의 손길을 계속 받고 싶었다. 기분 좋은 고양이처럼 '그릉그릉' 거릴 것만 같았다. 목은 마르지만 여유 넘치는 아침이었다. 그런데 문제가 발생했다.

뜨거운 맛 좀 보여줘?

"야, 이거 안 빠진다. 어쩌지?"
"돌로 바닥을 깨야 하나."

차가운 새벽 공기를 잔뜩 머금은 땅이 한층 더 꽁꽁 얼어붙어 펙을 놓아주려 하지 않았다. 아무리 힘을 줘도 빠지지 않았다. 녀석을 빼내야 철수가 완료되는데 좀처럼 고집을 꺾지 않았다. 잠깐의 사투만으로도 진이 빠졌다. 특단의 대책이 필요했다.

"뜨거운 물로 녹이자."

한번 해본 적이 있었다. 이번에도 될 것이라 생각했지만 위험 요소는 있었다. 뜨거운 물이 얼면 더 딱딱해지기 때문에 땅이 잠시 녹았을 때 펙을 무조건 빼내야 한다. 주변의 눈을 모아 뜨거운 물을 만들었다. 이제 펙 주위에 붓고 바로 뽑기만 하면 된다. 그런데 예상과 달리 펙이 바로 빠지지 않았다. 뜨거운 물을 더 붓고 이마에 핏대가 설만큼 힘을 줬다. 된다. 된다. 한숨을 크게 내쉬고 다시금 힘을 줬다. 그래! 됐어! 조금만 더!
이게 뭐라고 이렇게 힘든 걸까? 거친 숨을 길게 내뱉을 정도로 기운을 쏟고 나서야 펙이 빠졌다. 다시금 마음의 여유가 찾아왔고 아침 공기를 마음 편히 들이마실 수 있었다. 이제 집으로 가면 된다. 눈은 이리저리 밟아 놓았지만 그 외의 다녀간 흔적은 남기지 않기 위해 꼼꼼히 주변을 살핀 후, 안반데기와 안녕을 고했다. 땅에 굳게 박혔던 펙처럼 떠남의 아쉬움을 뽑아내기 쉽지 않았다. 식량이 줄었는데도 배낭은 가볍게 느껴지지 않았다.

08
특별한
그 이름,
제주도

김녕 해수욕장

그 바다에 반했다

김녕 성세기 해변

:: 체크포인트

해변에서 야영만 해도 되지만 올레길과 함께 백패킹을 즐기는 것도 좋다. 김녕 해변을 도착지로 설정할 경우에는 올레 19코스를 순방향으로 걷거나, 20코스를 역주행해서 걸으면 된다.

• 제주 올레 | http://www.jejuolle.org

:: 여행지 정보

• **산행 난이도(★★☆☆☆)** 올레길은 전체적으로 난이도가 높지 않으나, 거리가 길어 지루할 수 있다. 19, 20코스 모두 해안 구간만 선택해서 걸으면 지루함을 덜 수 있다.

• **접근성(★★★★☆)** 버스를 이용하여 김녕 해변 앞까지 이동이 가능하다.

• **풍경(★★★★☆)** 해안이 화려하지는 않지만 물빛을 보는 것만으로도 만족스럽다.

• **야영지(★★★★★)** 해수욕장 옆에 너른 밭의 야영장이 조성되어 있다. 여름 성수기에만 운영한다. 잔디밭으로 사이트가 조성되어 있으며 샤워장, 화장실, 개수대, 전기시설이 마련되어 있다. 운영시스 외에는 따로 이용요금을 받지 않지만, 화장실을 제외한 시설은 사용할 수 없다.

:: 찾아가는 길

• **대중교통** | 제주시외버스터미널에서 101번 버스를 탄 뒤, 김녕 환승 정류장(김녕초등학교)에서 하차한다. 정류장에서 버스 진행 방향으로 10~15분 정도 걸으면 해변에 도착할 수 있다.

• **자가 차량** | 내비게이션으로 '김녕해수욕장주차장' 또는 '김녕해수욕장야영주차장'을 검색하면 된다.

제주는 역시 바다지

제주는 중독성이 있다. 와본 적이 없으면 모를까. 한번만 오는 사람은 없다. 결국엔 뭐에 홀린 듯 다시 찾기 마련이다. 비록 하루가 다르게 변하는 모습에 실망하여 중독성이 줄어들기도 했지만, 아직은 '제주도에 가고 싶다!'라는 생각을 자주 한다. 이 중독성의 원천은 제주 바다가 주는 특별한 물빛이다. 내륙의 바다에서는 쉽게 볼 수 없는 청록의 맑은 빛깔. 현무암으로 이루어진 검은 해안선. 제주 바다의 물빛은 '우리나라 아닌 거 같아!'라는 말을 연신 내뱉게 만드는 제주 최고의 매력이다.

이런 물빛을 바라보며 하루를 보내는 것은 매력을 넘어선 마력이다. 너른 바다를 마당삼아 해변에 텐트를 짓고, 잔잔한 파도가 건네는 수다를 듣고 있노라면, 일상의 고민은 장외홈런으로 가뿐히 날릴 수 있다. '힐링'이라는 말로는 다 표현할 수 없는 마음의 휴식이 된다.

협재 해변

김녕항에서 바라본 김녕 해변

언제나 꼭 찾는 바다

제주 바다는 어디를 보든 예쁘다는 생각이 든다. 그중 제주에 갈 때마다 찾아가는 곳이 있다. 김녕 성세기 해변. 제주 동북부에 위치한 김녕 해변은 야영장 시설을 갖추고 있는 해수욕장이다. 녀석과 처음 만난 건 2010년 9월. 제주 동부 여행을 하다 잠시 들렀는데 물빛을 보고 바로 반하고 말았다. 그간 바라본 제주 바다 중에서도 유독 청록빛깔이 도드라졌다. 때마침 파도도 잔잔해 가만히 바다를 구경하기 딱 좋았다. 사진을 찍으며 연신 감탄사가 쏟아졌다.

김녕 해변 물빛

그때의 만남 이후로 김녕 해변은 두고두고 머릿속을 맴돌았다. 제주도에 갈 때면 당연하다는 듯 김녕행 버스에 몸을 실었다. 해안가 현무암 위에서 가만히 바다를 바라보았고, 김녕항에서 멀리 보이는 김녕 해수욕장을 구경하기도 하고, 올레길을 걸으며 스쳐 지나가기도 했다. 그렇게 만나온 김녕 해변이 가장 좋았던 건 월정리, 함덕, 협재 등 다른 유명 해변에 비해 상업시설이 없다는 점이었다. 덕분에 날것의 제주 바다를 만날 수 있었다. 불과 몇 년 사이에 잔뜩 조잡해진 월정리 해변에서 받은 실망을 김녕 해변에서 위로받았다.

김녕 해변 야영장

백패킹, 백패킹, 또 백패킹

만남은 많았지만 김녕 해변과 밤을 함께 보낸 건 한 번뿐이다. 낮 동안 흠뻑 내린 비가 축축한 기운을 남겨 놓은 8월의 밤이었다. 주변을 막힘 없이 만들어 주는 너른 잔디밭에 텐트를 쳤다. 비가 와서인지, 성수기가 끝나서인지 야영장엔 사람이 별로 없었다. 야영은 8년 전 제주에 푹 빠져 있을 때 알게 된 동생과 그의 지인이 함께 했다.

낯설기는 했지만 몇 년 만에 만났다는 것과 처음 만났다는 것은 그리 중요하지 않았다. 모두 백패킹을 즐기며, 제주를 좋아하는 사람들이었다. 대화의 중심은 단연 백패킹. 밤늦도록 백패킹을 주제로 떠들며 조용한 밤공기 속에 대화가 이어졌다. 강풍에 텐트 폴대가 부러져 한밤중에 난리를 쳤던 이야기, 산속에서 밤새 고라니가 기분 나쁘게 울어 잠을 못 잤던 이야기, 오토캠핑만 하다가 백패킹으로 넘어와 매주 다니고 있다는 이야기, 각자 쓰고 있는 텐트와 장비에 대한 이야기, 지금 이 밤이 그리고 김녕 해변이 좋다는 이야기를 계속해서 끄집어냈다.

덕분에 가져 온 맥주는 금세 동이 났고, 빈 캔을 만지작거리며 입맛만 다셨다. 밤이 아직 길게 남았다는 것이 반가우면서도 아쉬웠다. 미처 다 해갈하지 못한 아쉬움을 야경 사진 몇 장으로 달래고, 텐트 안으로 들어갔다. 선선한 공기가 따라 들어와 텐트 속을 채웠고 그 공기 속에 누워 있으니 스르륵 잠이 몰려왔다.

높은 오름

제주의 참모습을 만나다
높은오름

오름은 지반이 약한 편이기도 하지만 그 자체로 보존가치가 높은 곳이라 백패킹에 유의해야 한다. 땅을 손상시킬 수 있는 펙박기는 최소로 하고, 단체 백패킹은 자제하는 것이 좋다. 또한 상당수 오름에 산불감시초소가 있으니, 취사 장비를 사용하지 않는 백패킹을 추천한다.

:: 여행지 정보

• 산행 난이도(★★☆☆☆) 짧고 굵다. 하지만 백패킹 배낭을 메고 걸을 수 있다면 누구든 오를 수 있다.
• 접근성(★★☆☆☆) 대중교통으로 접근이 가능하나 도보 이동을 많이 해야 한다.
• 풍경(★★★★☆) 정상에 오르면 360도 풍경이 펼쳐진다. 한라산, 성산 일출봉, 다랑쉬오름, 용눈이오름, 일대의 논밭과 마을이 한눈에 담긴다.
• 야영지(★★★☆☆) 노지가 있긴 하나 평평하고 넓은 곳은 많지 않다. 주변에 말똥도 많아 야영지 선택에 제한이 있다.

:: 찾아가는 길

• 대중교통 | 제주시외버스터미널(가상정류소)에서 210-1번(성산행) 버스를 탄 뒤, 대물동산 정류장에서 하차한다. 버스 진행 방향으로 1.2km 정도 걸어가면 오른편에 작은 길과 함께 '구좌읍공설공원묘지' 비석을 볼 수 있다. 그 길로 들어서 600m 정도 걸어가면 공설묘지와 함께 들머리를 만날 수 있다.
• 자가 차량 | 내비게이션으로 '구좌읍공설묘지(제주특별자치도 제주시 구좌읍 송당리 54-1)'를 검색하면 된다. 주변에 주차가 가능한 공간들이 있다.

오름을 아시나요?

제주의 풍경은 내륙의 그것과는 느낌이 많이 다르다. 바다 빛깔도, 식생도 다르다. 무엇보다 제주 전역에 분포되어 있는 '오름'이 제주를 남다르게 만든다. 제주를 논할 때 오름을 빼놓고는 설명할 수가 없다. 오름은 제주도 일대에 분포하는 소형화산체이자 기생화산이다. 제주 전역에 360개 이상 존재하며 제주 최고의 유명 인사인 성산 일출봉 역시 오름에 속한다.

제주도 주민들은 오름을 중심으로 농업과 목축을 해왔고, 오름 자체를 신성하게 생각하기도 했다. 또한 오름은 제주 방언으로 가벼운 돌을 의미하는 화산쇄설물 '송이'(학명은 '스코리아(scoria)')로 대부분 이루어져 있는데, 이는 제주의 지질을 알려주는 설명서와도 같다.

오름 여행은 제주 동부 지역을 추천하는데 서부 지역보다 오름이 발달해 있다. 다랑쉬 오름, 용눈이 오름, 따라비 오름 등 많이 알려진 오름도 모두 동부 지역에 위치해 있다. 물론 서부 지역에도 멋진 오름이 많다. 중요한건, 오름 백패킹은 제주에서만 맛볼 수 있는 유일무이한 체험이라는 사실이다.

용눈이오름

이름값, 제대로 하다

국내 여행지 중 가장 많이 가본 곳이 제주지만 오름에 대해선 많이 아는 편이 아니었다. 그래서 제주도에 8년째 거주 중인, 제주의 은밀한 속살까지 잘 알고 있는 형에게 가이드를 부탁했다. 형은 동부 지역의 높은 오름 (405m)을 추천했다. 이름에 걸맞게 주변에 있는 40여 개의 오름 중 가장 키가 큰 녀석이었다. 높다고는 해도 20분 정도만 열심히 오르면 되는 곳이라, 저녁을 모두 해결하고 밤에 찾아가기로 했다.

높은 오름의 들머리는 공동묘지를 지나쳐야 만날 수 있었다. 한밤중에 공동묘지라니. 결코. 전혀. 진짜. 무섭지 않았지만, 어두우니까 다치지 않으려고 앞만 보고 걸었다. 공동묘지를 지나 만난 등산로는 단순하고 정직했다. 오르막과 직진만 있었다. 산행 시간은 20분으로 짧았고, 그 사이 뽑아내는 거친 숨의 양은 만만치 않았다.

'미안하다. 내가 너를 얕봤구나'

아무도 없는 오름의 정상에 올랐다. 어둠 너머로 부드럽게 누운 오름의 선이 어렴풋이 보였다. 가파른 비탈 아래 앉아 있는 분화구의 거대한 면이 보였다. 멀리 마을과 읍내의 길거리에서 뿜어내는 불빛이 점점이 박혀 숨 쉬는 모습이 보였다. 선선한 가을 공기와 어울리는 선과 면과 점이었다.

그런데 낭만적인 분위기와 어울리지 않는 어마어마한 결과물들이 사방에 보였다. 그것은 말똥이었다. '여기는 지뢰밭이구나.' 자칫하다간 비옥한 거름이 될 유망주 위에 텐트를 칠 우려가 있었다. 똥을 조심해야 했지만 그것만 빼면 모든 것이 좋았다. 바람과 시끄러운 잡음, 바쁜 마음이 없어 좋았다. 텐트 안에서 누웠을 때 전해지는 편안한 느낌도 좋았다. 그냥 좋은 밤이었다.

제주말과 다랑쉬 오름

우연히 만난 천부적인 모델

새벽부터 서둘러 여명의 순간을 카메라에 담고 여유로운 아침을 맞았
다. 제주에서 만난 많은 날들 중 손에 꼽을 정도로 깨끗한 하늘이 열렸
다. 가장 키가 큰 오름답게 많은 것들이 한눈에 들어왔다. 가깝게는 다
랑쉬 오름과 용눈이 오름이, 멀게는 우도와 성산 일출봉이 보였다. 몸
을 반바퀴 돌리면 우직하게 서있는 한라산이 한 눈에 담겼다. 그림 같은
풍경이 아니라 그림이었다.

이 그림에 완성도를 더 하고 싶은 마음이 있었는지 과묵한 말 한 마리가 등장했다. 천천히 오름 주위를 어슬렁거리는 녀석에게 조심스레 다가갔다. 카메라를 들이댔고 다랑쉬 오름이 든든한 배경 역할을 해주었다. 모델이 된 녀석은 뭘 좀 아는 친구였다. 무심한 듯 고개를 들어 먼발치를 바라봐 주었고 적당히 포즈도 바꿔주었다. 그리고는 말없이 유유히 사라졌다. 고마운 말 같으니, 덕분에 보다 흥미로운 사진과 흥미로운 아침을 가질 수 있었다.

슬슬 배가 고파왔다. 빨리 내려가라는 신호였다. 서두르는 것이 아쉬워 천천히 짐을 싸며 주변을 살폈다. 나야말로 가을 날씨라고 당당히 주장하는 듯한 파랗고 맑은 하늘이 펼쳐졌다. 배낭을 메고 천천히 내려가기 시작했다. 오늘은 어디로 가야 할까? 즐거운 고민도 함께 시작됐다.

한라산 백록담

제주의 품속을 걷다

한라산 둘레길

:: 체크포인트

한라산 둘레길은 출입 가능 시간이 정해져 있어 오후 2시 이후
에는 출입을 통제한다. 또한 야생 동물 및 멧돼지가 주변에 서식
하므로 안전에 유의해야 한다. 서귀포 자연휴양림 야영장은 예
약제로 운영되며 동계 기간에는 운영하지 않는다(12월~2월).

• 서귀포 자연휴양림 | http://huyang.seogwipo.go.kr
• 한라산 둘레길 | http://www.hallatrail.or.kr

:: 여행지 정보

• 산행 난이도(★★☆☆☆) 전체적으로 평지 길이라 트레킹 하
기 쉽지만 돌오름 정상으로 오르는 길은 제법 가파르다.
• 접근성(★★★☆☆) 제주시외버스터미널 또는 중문사거리에
서 버스로 접근이 가능하다. 단 도보 이동은 긴 편이다.
• 풍경(★★★★☆) 길의 대부분이 시야가 트인 곳이 없이 숲
길로만 이루어져 있다. 호불호가 갈릴 수 있다.
• 야영지(★★★★★) 편백나무 숲으로 이루어진 서귀포 자연
휴양림 야영장이 아름답다. 공기가 좋은 건 보너스다.

:: 찾아가는 길(돌오름 길 기준)

• 대중교통 | 제주시외버스터미널(가상정류소)에서 240번 버
스를 탄 후. 거린사슴 전망대 정류장에서 하차한다. 거린사
슴오름 전망대 방향으로 1분 정도 도보로 이동하면 들머리
와 만나게 된다.
• 자가 차량 | 내비게이션으로 거린사슴오름 전망대를 검색하
면 된다. 원점회귀 코스가 아니라 날머리에서 도보 또는 버
스를 이용해 돌아와야 한다.

그 산에서 자고 싶다

대한민국 최고봉이자 제주의 상징과도 같은 한라산(1,950m). 여느 산과는 다른 기운을 가진 한라산에 오르면 성지에 와있다는 기분이 들기도 한다. 한번 오르면 계속 머무르고 싶은 생각이 드는 곳이지만 국립공원인 탓에 아쉽게도 당일 산행만 가능하다. 그러나 머물고 싶은 마음은 쉽게 사라지진 않았다. 그래서 선택한 방법이 한라산 둘레길 걷기다.

한라산 둘레길은 해발 600~800m의 국유림 일대에 위치한 임도, 일제 강점기 때 만들어진 병참로, 표고버섯재배지 운송로 등을 활용하여 조성한 숲 걷기 길이다. 총 연장은 80km에 이르며 돌오름길, 동백길, 수악길, 사려니숲길, 천아숲길이라는 이름을 가진 5개 코스가 열려 있다.

지미오름에서 보는 한라산 실루엣

나는 돌오름길을 걷기로 했다. 거린사슴오름(743m)에서 안덕면 삼천리에 있는 돌오름(1,270m) 입구까지 이어진 길인데 5.6km라는 짧은 거리가 선택의 이유였다(날머리인 1100도로를 만나려면 4km 정도를 더 걸어야 한다). 숲은 단풍나무, 삼나무, 졸참나무 등으로 이루어져 있고, 거린사슴오름과 돌오름에 오르면 한라산과 제주 서남부 지역을 한눈에 감상할 수 있다고 둘레길 홈페이지가 말해주었다.

둘레길의 가장 큰 매력은 서귀포 자연휴양림과 연계해 백패킹을 즐길 수 있다는 점이었다. 뿐만 아니라 동백길과 휴양림이 서로 연결되어 있어 돌오름길 트레킹 + 휴양림 야영 + 동백길 트레킹을 1박 2일 일정으로 백패킹이 가능했다.

한라산 둘레길 돌오름길

느린 풍경의 두 얼굴

숲 걷기 길답게 시작부터 울창한 숲이 인사를 건넸다. 좁지만 친절하게 뻗어 있는 길을 따라 제주의 품속으로 들어갔다. 가볍고 상쾌한 공기가 몸속을 돌며 트레일의 시작을 알렸다. 사방이 막혀 있는 숲이다 보니 가까운 풍경에 시선이 갔다. 먼 곳만 바라보느라 놓쳤을 소소한 풍경들이 차곡차곡 눈앞에 쌓였다. 바쁠 것이 없는 여행이라 조금이라도 눈길을 잡아끄는 존재가 나타나면 망설임 없이 걸음을 멈추고 가만히 바라봤다.

둘레길이 내어주는 길은 순했다. 내딛는 걸음 하나하나가 숨찬 등산의 오르막과는 달리, 차분히 생각을 전진시키는 걸음이 됐다. 게다가 아무도 나타나지 않을 정도로 사방이 고요했다. 온 세상에 나만 존재하는 듯했다. 생각의 걸음만큼이나 풍경의 속도도 느렸다. 급격히 변하는 모습이 없었다. 비슷한 얼굴, 비슷한 표정을 보여줬다. 섬세하게 들여다보지 않으면 숲의 아름다움을 알아차리지 못할 수 있었다.

혼자만의 사색은 좋았지만 지루하다는 단점도 있었다. 길이 도통 표정을 바꾸지 않으니 뫼비우스의 띠 위를 걷고 있는 듯했다. 거린사슴오름 전망대는 건너뛰고 바로 숲으로 들어온 터라 돌오름 정상을 제외하고는 시야가 트인 곳이 없었다. 조릿대 사이로 난 작은 길만이 내가 선택할 수 있는 유일한 방향이었다. 그래서 더 부지런히 걸었다. 이 길을 걷는 것에만 집중해서인지 머리가 상쾌해졌다. 머릿속에 남은 자잘한 먼지들이 날아갔다. 걸을수록 목표는 단순해졌다. 빨리 이 길의 마지막을 찾아내자.

한라산 둘레길 돌오름길

서귀포 자연휴양림 야영장

숲은 최고의 피로회복제

대략 9km를 걸어 날머리인 1100도로와 만났다. 서귀포 자연휴양림으로 가기 위해서는 중문 방향으로 4km 정도를 더 걸어야 했다. 아직 끝난 게 아니구나. 열심히 빠르게 걸어 서귀포 자연휴양림에 다다랐다. 서귀포 자연휴양림 야영장은 길고 곧게 뻗은 편백나무 숲에 위치해 있었다. 해발 700m 고지에 있는 편백나무 숲속. 공기가 맑을 수밖에 없다. 숲에 들어서자마자 남다른 공기가 느껴졌다. 피톤치드 원액이 폐속에 똬리를 트는 것 같았다. 일부러 더 크게 숨을 쉬며 야영장으로 향했다.

평일임에도 야영장엔 방문객이 제법 있었다. 최대한 사람들과 떨어진 데크에 자리를 잡고 집을 지었다. 텐트 옆에 의자를 펴고 두 다리를 쭉 펴고 앉았다. 멍하니 고개를 들어 편백나무를 올려봤다. 키 큰 나무들이 높게 팔을 뻗었다. 가장 높은 곳에 시선을 두고 조용히 숨을 들이마셨다. 둘레길을 걸으며 쌓였던 피로가 조금씩 날아갔다. 다시 한 번 숨을 크게 들이마셨다. 맑은 공기가 몸속을 흐르니, 한라산의 품속에 와 있음을 진하게 실감했다. 오늘의 걸음을 마무리하기에 더없이 좋은 공기와 냄새였다. 코펠에서 끓고 있는 삼계탕 냄새도 숲 내음과 어우러져 맛있게 코를 찔렀다.

지미오름에서 바라본 우도 야경

섬 속의 섬에서 즐기는 낭만
우도 비양도

:: 체크포인트

비양도를 관리하는 마을에서 야영 행위를 딱히 제지하지는 않는다. 하지만 정식 야영장 시설을 갖춘 곳이 아니니, 어느 정도의 불편은 감수해야 하며, 다녀간 흔적을 최대한 남기지 말아야 한다. 백패킹의 재미를 살리려면 우도 올레(1-1코스)와 함께 하면 된다. 자세한 길 정보는 올레길 홈페이지에 나와있다.

• 제주 올레 | http://www.jejuolle.org

:: 여행지 정보

• **산행 난이도(★☆☆☆☆)** 도보나 마을 내 교통수단을 이용해야 한다. 해안가를 따라 걸으면 편하게 다닐 수 있다. 올레길을 걸은 뒤 비양도로 간다면 우도봉을 오르는 구간이 다소 힘들다.
• **접근성(★★★☆☆)** 성산읍에 위치한 성산포항여객터미널에서 우도행 여객선이 운행 중이다.
• **풍경(★★★★☆)** 우도에서 바라보는 성산 일출봉, 제주 해안 등이 색다른 느낌을 준다. 비양도에서는 우도의 해안선과 우도봉이 보인다.
• **야영지(★★★★★)** 말똥이 많기는 하지만 텐트 치기 좋은 넓은 초지가 펼쳐져 있다. 화장실도 주변에 있다.

:: 찾아가는 길

• **대중교통** | 제주시외버스터미널(가상정류소)에서 201-1, 201-2번 버스를 탄 뒤, 성산포항종합여객터미널 정류장에서 하차한다. 여객터미널에서 30분 간격으로 운행하는 우도행 여객선을 타면 우도에 도착한다. 꼭 신분증을 지참해야 한다.
• **자가 차량** | 내비게이션으로 '성산포항종합여객터미널'을 검색하면 된다. 우도에는 차량을 가지고 들어갈 수 없기 때문에 배로 이동한 후 우도에서 전기 차량을 빌리거나 버스로 이동해야 한다.(2017년 8월부터 2018년 7월까지 우도 내 렌트카 진입이 제한된다.)

소란스러워도 밉진 않아

소가 누워 있는 모양과 닮았다고 해서 이름 붙은 우도. 제주를 찾는 이들에게 가장 많은 사랑을 받는 곳 중 하나다. 때문에 섬 안이 늘 사람들로 붐벼 한적한 공기를 느끼기에 힘든 상황이 되었다. 갈때마다 소란스러움이 커지고 이질적인 상점이 늘어나는 게 아쉽기만 하다. 그럼에도 우도가 아름답다는 것을 부정하기는 힘들다. 우도를 즐기는 방법은 다양하다. 자전거나 스쿠터를 타고 해안도로를 일주하거나, 주요 여행지를 운행하는 버스를 타고 유명한 곳 위주로 구경하거나, 18km 정도의 올레길(1-1코스)을 걸으며 우도의 속살을 천천히 감상할 수 있다.

우도 하고수동 해수욕장

넨느 니미노 보이는 우로봉

우도 비양도

그중 우도 안에 있는 섬 속의 섬, 비양도에서 하룻밤을 보내는 캠핑은 우도 여행의 색다른 재미를 건네준다. 비양도에는 넓은 초지가 있고 초지 바로 앞에는 바다가 넓게 펼쳐져 있다. 먼발치에는 우도에서 키가 가장 큰 우도봉이 우뚝하니 서 있다. 어딜 둘러봐도 지루한 곳이 없다. 거기에 캠핑하기 좋은 조건이 갖춰져 있으니 많은 캠퍼들과 백패커들이 찾을 수밖에 없다.

단점이 있다면 주변에 말똥 지뢰가 많다는 것과 바람이 자주 출몰한다는 것. 그것만 이겨낸다면 비양도 캠핑은 두고두고 기억될 여행이 된다.

아무것도 하지 않는 재미

우도에서의 하룻밤은 대학 동기인 현찬이와 선배인 윤석이 형과 함께 했다. 이직 준비 중에 짧게 시간이 난 현찬이의 긴급 제안으로 떠나온 여행이었다. 윤석이 형은 서울살이를 정리하고 제주에 정착 중이었다. 세 남자는 미니멀 캠핑을 하며 간만의 회포를 풀기로 했다. 내가 들쳐메고 온 백패킹 장비와 윤석이 형의 캠핑 장비를 적절히 섞어 장비 준비를 마쳤다.

10일 간의 제주 여행 중 가장 맑은 날씨가 열린 가운데 비양도 앞으로 이동했다. 우리는 양 손에 짐을 들고 야영 자리를 물색했다. 여름의 끝자락이긴 했지만 사람들이 제법 많았다. 사람들과 어느 정도 떨어진 바다를 보기 좋은 위치에 의자를 놓고, 테이블을 펴고, 집을 지었다.

"이야, 이거야. 이거!"
"죽이는구만!"
"날씨도 예술이다!"

우리는 아무 것도 하지 않았다. 타프가 만들어준 그늘 아래에 숨어 바다를 보며 최선을 다해, 있는 힘껏 '무념무상'에 빠졌고 잠시 후 낮술을 시작했다. 술 좋아하는 세 사람이 오랜만에 만났고, 그것도 이런 자리에 앉아 있으니 술이 당기는 것은 당연한 일이었다. 누가 그랬던가. 공기 좋은 곳에서 마시는 술은 취하지 않는다고. 묵직하게 불어오는 바람이 알코올을 끌어안고 날아가는 모양인지 취기가 오르지 않았다.

비양도의 밤

조금은 무거워도 괜찮아

우리는 말짱한데 시간이 취했는지 이상하리만큼 빠르게 흘렀다. 깨끗한 날씨에 어울리는 붉은 노을이 하늘 전체를 뒤덮었다. 세 남자의 수다를 더욱 흥겹게 하는 훌륭한 조명이었다. 해가 모두 사라지자 천천히 땅거미가 내려앉았고, 그 속도에 맞춰 술잔을 기울이는 속도도 늦어졌다. 사방이 어두워져 파랗기만 하던 바다도 까맣게 낯빛을 바꿨다.

차분해진 분위기에 맞춰 우리의 대화도 무게감이 생겼다. 영화와 연기를 전공한 세 남자는 그 세계에 살았던 옛 시간을 이야기하고, 그 세계에서 빠져나올 수밖에 없었던 서로의 현실을 이야기하고, 아직도 그 안에 있고 싶어 하는 미련과 의지에 대한 이야기를 나누었다. 서로의 말들이 쌓이며 만든 고민의 무게가 밤을 더 어둡게 만들었다.

하지만 괜찮았다. 신선했던 낮의 기운이 여전히 몸에 남아 있었기 때문이다. 비록 현실을 마주한 대화는 무거웠지만 간만의 만남은 즐거웠고, 우도의 깨끗한 밤은 길고 소주는 달았다. 세 남자는 잠들 때까지 조용한 공기 속에서 계속 대화를 이어갔다.

돈내코 계곡

보석 빛깔 물속에 빠지다

돈내코 계곡

:: 체크포인트

돈내코 계곡을 포함하고 있는 영천은 유네스코 생물권 보전 지역으로 지정된 곳이다. 스틱을 사용한 트레킹이나 취사, 야영은 하지 말아야 한다. 탐방로를 따라 걷는 트레킹이 아니므로 동행자와 함께 하는 것이 안전하다.

:: 여행지 정보

• 산행 난이도(★★☆☆☆) 정식 탐방로는 없지만 힘든 편은 아니다. 물에 빠지거나 높은 바위를 올라야 하는 지점만 조심하면 된다.

• 접근성(★★★☆☆) 제주 시내 또는 서귀포 시내에서 버스를 타고 접근할 수 있다.

• 풍경(★★★★☆) 맑은 물, 큰 바위, 촘촘히 우거진 나무가 어우러져 원시적인 느낌을 자아낸다.

• 야영지(★★★★★) 계곡 맞은편에 위치한 돈내코 유원지에 무료 야영장이 있다. 시설이 좋은 편은 아니지만 개수대, 샤워장, 화장실이 갖추어져 있다. 전기 사용은 안되며, 선착순제로 운영한다.

:: 찾아가는 길

• 대중교통 | 제주시외버스터미널(가상정류소)에서 281번 버스를 탄 뒤 서귀포산업과학고등학교 정류장에서 하차한다. 정류장 앞 삼거리에서 돈내코로 쪽으로 진입하여 10분가량 도보로 이동한다. 진행방향 기준으로 왼편에 들머리인 돈내코교가 있다.

• 자가 차량 | 내비게이션으로 '돈내코유원지주차장'을 검색하면 된다. 주차장에서 돈내코입구삼거리 방향으로 7분 정도 걸어가면 돈내코교와 만난다.

한라산이 만들어낸 신비의 계곡

지금껏 보아온 국내 계곡 중 가장 인상적인 곳을 꼽으라고 한다면 주저 없이 제주 돈내코 계곡이라고 말한다. 한라산 백록담에서 발원한 돈내코 계곡은 여러 번 만났음에도 볼 때마다 놀란다. 특유의 옥색 물빛 때문이다. 특히 계곡 전체를 감싸고 있는 난대 상록수림과 숲을 비집고 들어오는 햇살을 함께 보고 있으면 다른 나라에 와 있는 듯한 기분이 절로 든다.

돈내코 계곡은 트레킹 탐방로가 따로 없고 계곡을 빼곡히 채우고 있는 덩치 좋은 바위 위를 밟으며 계곡을 치고 올라가야 한다. 트레킹은 보통 돈내코교에서 시작하는데, 돈내코 계곡의 랜드마크와 같은 원앙폭포까지 올라가려면 1시간 반 정도를 걸어야 한다.

트레킹은 우기든, 건기든 물에 빠져야만 한다. 그러니 물에 젖어도 되는 아쿠아 트레킹화나 샌들을 준비하는 것이 좋다. 제주 지질 특성상 계곡임에도 바닥이 미끄럽지는 않아 젖어도 상관없는 신발이면 충분히 트레킹이 가능하다.

원앙폭포

뜻하지 않은 비극

돈내코 계곡의 물빛은 이미 잘 알고 있었지만 트레킹을 해본 적이 없어서 내심 설렜다. 계곡 트레킹은 원래 일정에 없던 터라 중등산화 외에는 별도의 신발을 준비하지 않았다. 잠시 난감했다. 그런데 동행한 상식이형이 계곡 바닥이 미끄럽지 않다고 말해줘 슬리퍼를 신고 트레킹에 나섰다. 트레킹에 슬리퍼라니… 이 얼마나 무식한 짓이란 말인가. 다행히 거친 현무암 바닥 덕에 트레킹이 힘들지는 않았다. 나를 힘들게 한 일은 다른 곳에서 발생했다.

계곡의 맑은 옥빛 물을 보자마자 흥분하고 말았다. 그래서 앞뒤 가리지 않고 물속으로 뛰어 들었다. 한 여름이었지만 계곡 물은 다리를 저릿하게 만들었다. 단순히 차갑다고 말하기엔 몸이 시려울 정도였다. 입수한 지 20초쯤 지났을까. 물의 온도에 적응하기 시작했다. 그런데 갑자기 등골과 목덜미가 서늘해졌다.

"악!, 핸드폰!"

바지 주머니에 핸드폰을 넣어뒀다는 사실을 잊고 있었다. 재빨리 물 밖으로 나와 주머니에서 핸드폰을 꺼냈다. 녀석은 회광반조를 하는 것인지 잠시 동안 액정을 환하게 밝히다가 눈을 감았고 시커먼 화면이 눈앞에 나타났다. '안돼!' 이렇게 죽으면 안돼. 그렇다고 물에 빠진 녀석의 전원을 누를 순 없었다. 업무적으로 급하게 처리할 것이 있어 거래 업체와 연락하던 중이었다. 갑자기 전화가 먹통이 되면 곤란했다. 핸드폰 화면처럼 머리가 캄캄해졌다. 계곡 물빛이 눈에 들어오지 않았다. 하지만 어쩌겠는가. 할 건 해야지.

그래도 감탄은 계속된다

머릿속이 복잡해 트레킹에 집중할 수 없었다. 상식이 형의 인도에 따라 좀비처럼 멍하니 나아갈 뿐이었다. 정신을 차리기 시작한 건 트레킹 중반쯤부터였다. 계곡 물의 신비한 빛깔이 눈에 들어왔고, 바위 사이로 흐르는 시원한 물소리가 들렸다. 두 팔과 두 발을 다써가며 올라야 하는 바위의 규모에 놀랐고, 숲을 뚫고 강렬하게 계곡에 손을 뻗는 햇살의 진격에 넋을 놓았다. 그리고 주머니에 핸드폰이 있는지도 모르고 계곡에 뛰어든 나의 멍청함을 용서하기 시작했다.

어떻게 이런 색을 만들어 냈지? 저 빛은 어떻게 저리 선명할까? 이 바위들은 다 어디서 굴러온 걸까? 계곡이 깊어질수록 감탄도 깊어졌다. 핸드폰 참사가 없었더라면 좋았겠지만 그걸 희석시켜주는 돈내코 계곡의 신비로움을 더 진하게 맛보았다. '이 재미를 몇 명이나 알까?' 하는 생각이 들어 괜히 우쭐해지기도 했다.

계곡과의 만남이 끝나고 계곡 옆의 야영장에서 밤을 맞이할 때까지도 핸드폰은 살아나지 않았다. 좋게 생각하기로 했다. 귀찮은 연락을 하루 동안은 받지 않아도 되니까. 만약 계곡 속을 걷지 않았다면 이런 긍정적인 마음을 끄집어 낼 수 있었을까? 장담할 수 없었다. 이 마음을 유지하기 위해 카메라로 담은 계곡을 확인했다. 실물만 못하지만 작은 액정에서도 계곡 물빛은 단연 돋보였다. 낮의 감탄은 그렇게 계속 이어졌고 핸드폰의 부활은 내일 고민하기로 했다.

Foreign Copyright:
Joonwon Lee
Address: 3F, 127, Yanghwa-ro, Mapo-gu, Seoul, Republic of Korea
          3rd Floor
Telephone: 82-2-3142-4151, 82-10-4624-6629
E-mail: jwlee@cyber.co.kr

전국 백패킹 성지 가이드

백패킹 980g

2018. 4. 27. 1판 1쇄 발행
2018. 12. 13. 1판 2쇄 발행
2023. 5. 31. 1판 3쇄 발행

저자와의
협의하에
검인생략

지은이 | 고요한
펴낸이 | 이종춘
펴낸곳 | **BM** ㈜도서출판 **성안당**

주소 | 04032 서울시 마포구 양화로 127 첨단빌딩 3층(출판기획 R&D 센터)
       | 10881 경기도 파주시 문발로 112 파주 출판 문화도시(제작 및 물류)

전화 | 02) 3142-0036
      | 031) 950-6300

팩스 | 031) 955-0510

등록 | 1973. 2. 1. 제406-2005-000046호

출판사 홈페이지 | www.cyber.co.kr

ISBN | 978-89-315-8241-3 (03690)

정가 | 22,000원

이 책을 만든 사람들

책임 | 최옥현
진행 | 조혜란
기획 · 진행 | 아홉번째서재
교정 · 교열 | 아홉번째서재
본문 · 표지 디자인 | 아홉번째서재(김희정)
홍보 | 김계향, 유미나, 정단비, 김주승
국제부 | 이선민, 조혜란
마케팅 | 구본철, 차정욱, 오영일, 나진호, 강호묵
마케팅 지원 | 장상범
제작 | 김유석

■ **도서 A/S 안내**

성안당에서 발행하는 모든 도서는 저자와 출판사, 그리고 독자가 함께 만들어 나갑니다.
좋은 책을 펴내기 위해 많은 노력을 기울이고 있습니다. 혹시라도 내용상의 오류나 오탈자 등이
발견되면 **"좋은 책은 나라의 보배"**로서 우리 모두가 함께 만들어 간다는 마음으로 연락주시기
바랍니다. 수정 보완하여 더 나은 책이 되도록 최선을 다하겠습니다.
성안당은 늘 독자 여러분들의 소중한 의견을 기다리고 있습니다. 좋은 의견을 보내주시는 분께는
성안당 쇼핑몰의 포인트(3,000포인트)를 적립해 드립니다.
잘못 만들어진 책이나 부록 등이 파손된 경우에는 교환해 드립니다.